Das ist eine wahre Geschichte
wie Gott Jan Eriksen
mit seinen Problemen half,
und sein Leben veränderte.

Was ist mit dir?

Titel der Originalausgabe: HALLIKEN SOM DODE... /
German ISBN 82-7341-134-6. Published by Hermon Forlag
as, Norway
Aus dem Norwegischen übersetzt

ISBN 3-901994-00-9

Street Ministries International
Jan & Barbara Eriksen
Postfach 9
4840 Vöcklabruck
mail: jberiksen.stm@aon.at

Jan Eriksen

HANDLANGER DER UNTERWELT

Jan und Barbara Eriksen

Inhaltsverzeichnis

Vorwort

Die Lebensgeschichte von Jan Eriksen würde zweifellos den Stoff zu einem spannenden Film liefern. Für Jan war der Inhalt dieses Buches jedoch erschütternde Realität: Gewalt, Mord, Vergewaltigung, Perversion, Zuhälterei, Kriminalität, Drogen- und Alkoholsucht. Nur wenige, die einmal in das Zuhälter- und Drogenmilieu Norwegens geraten sind, kommen mit dem Leben davon.

Jan kann viele Geschichten erzählen, wie er dem Tod in letzter Sekunde von der Schippe gesprungen ist. Er lebte in einer Welt, die von einer Brutalität gekennzeichnet war, wie sie die meisten von uns nur aus Filmen kennen. Der vorliegende Bericht ist in keinster Weise übertrieben. Die Narben aus dieser Zeit haben sein Gesicht und seinen Körper für immer gezeichnet.

Obwohl Jan nicht gerne über diesen Abschnitt seines Lebens spricht, gibt es für ihn doch einen zwingenden Grund nicht zu schweigen: Angesichts der Tatsache, daß sein Leben, das so oft nur noch an einem seidenen Faden hing, bis heute bewahrt worden ist, ist er davon überzeugt, daß er diesen Schutz einer höheren Macht zu verdanken hat.

Jan möchte keine blutrünstige Geschichte erzählen; er will vielmehr die Politiker seines Landes zum Nachdenken anregen. Und vor allem möchte er denen einen Ausweg zeigen, die diesem entsetzlichen Milieu zu entfliehen suchen. Obwohl es den meisten, die einmal auf der Schattenseite der Gesellschaft gelebt haben, schwerfällt zu vergessen, ist Jan heute weder verbittert noch haßerfüllt. Im Gegenteil - wo immer er auch nur die Spur einer Möglichkeit sieht, setzt er sich engagiert dafür ein, Menschen aus dem Teufelskreis der Drogen, Prostitution und Zuhälterei herauszureißen.

Kapitel 1

Rettung in letzter Sekunde

Brutal wurde ich aus dem Schlaf gerissen. Jemand war in meine Wohnung eingedrungen. Und noch ehe ich richtig zu mir gekommen war, bekam ich mehrere Tritte ins Gesicht. Meine Lippen bluteten stark.
Wie durch einen Schleier hindurch erkannte ich drei Männer. Sie waren in der ganzen Osloer Unterwelt wegen ihrer Brutalität gefürchtet.
Sie schleppten mich aus der Wohnung und stießen mich in ein Auto. Mein Gesicht war blutüberströmt und mein Kopf schien vor Schmerzen zu zerspringen. Jeder Widerstand war zwecklos. Meine Lage war aussichtslos.
Ich kannte diese Mitglieder einer "Underground-Gang", die versuchte, im Milieu die Macht an sich zu reißen.
Sie brachten mich in eine Wohnung, die zwei Freunden von mir gehörte. Sie traten die Tür ein und schlugen auf meine Freunde ein, die ahnungslos geschlafen hatten. Einer der beiden war sofort bewußtlos. Den anderen zerrten sie auf einen Stuhl. Mir war klar, daß sie uns für immer aus dem Weg räumen wollten!
Brutal schlugen sie meinem Freund mit einer gußeisernen Pfanne auf den Kopf. Dann war ich an der Reihe. Als ich die Pfanne schon auf mich herabkommen sah, schrie plötzlich jemand von draußen: "Polizei!" Die Schläger hielten inne und stürzten dann zur Tür hinaus. Ein Hausbewohner hatte die Polizei benachrichtigt. - Ich war noch einmal davongekommen!

Jan arbeitet unter Prostituierten in Amsterdam.

Die Polizei nahm mich mit aufs Revier, wo ich die ganze Nacht verhört wurde. Meine beiden Freunde wurden ins Krankenhaus eingeliefert. Als ich die Beamten wegen meiner immer unerträglicher werdenden Schmerzen um ein Medikament bat, brachen sie in schallendes Gelächter aus. Später erfuhr ich, daß sie mich zu diesem Zeitpunkt des versuchten Totschlags verdächtigten. Nachdem sie jedoch die wahren Schuldigen gefaßt hatten, mußten sie mich freilassen. Die Täter wurden zu drei, fünf und sechs Jahren Gefängnis verurteilt.

Einige Tage später erfuhr ich, daß einer meiner Freunde an den Folgen der schweren Kopfverletzungen, die man ihm zugefügt hatte, auf der Intensivstation gestorben war. Ich drehte völlig durch. Die Erinnerung an jene Nacht raubte mir nahezu den Verstand. Wie betäubt raste ich zur Klinik und stieß die Tür des Zimmers auf, in dem mein Freund gelegen hatte. Sein Bett war leer. Der Schock lähmte meine Sinne, und ich bemerkte nicht, wie einige Polizeibeamte ins Zimmer traten. Ich wurde wortlos abgeführt.

Kindheit und Jugend in Bergen

Ich wurde 1947 in Bergen (Norwegen) geboren und wuchs dort wohlbehütet auf. Meine Familie wohnte am Stadtrand, wo es für uns Kinder jede Menge Gelegenheiten zum Spielen und Herumtoben gab. Meine große Leidenschaft war der Sport, und mein Vater teilte diese Begeisterung. Langeweile gab es bei uns nicht! Da wir direkt neben einem Sportplatz wohnten, verbrachte ich viel Zeit damit, Hand- oder Fußball zu spielen.

Es wäre eine Lüge, wenn ich behaupten würde, ich hätte keine schöne Kindheit gehabt. Unser Familienleben hatte ein solides soziales Fundament. Mein Vater hatte eine gute

Arbeitsstelle und verdiente genug, so daß meine Mutter nicht berufstätig sein mußte. Sie konnte sich um den Haushalt kümmern und hatte immer Zeit für uns.

Als ich schließlich in die Schule kam, entwickelte sich dort nach einiger Zeit zwischen zwei Schulkameraden und mir eine enge Freundschaft. Unsere Väter waren Arbeitskollegen, und schon aus diesem Grund fühlten wir uns besonders miteinander verbunden. Mit vierzehn Jahren erlebte ich - wie viele meiner Klassenkameraden - die ersten Höhen und Tiefen, die die Pubertät mit sich bringt. Ich wurde zunehmend rebellisch und wollte es allen so richtig zeigen. Also fing ich an, das Münzgeld meines Vaters zu stehlen, das er für Taxifahrten in einer Spardose aufbewahrte. Es war ein Kinderspiel für mich herauszufinden, wo er den Schlüssel versteckt hatte. Mit den erbeuteten Groschen zog ich los, um mir Süßigkeiten zu kaufen. Mit der Zeit beschränkte ich mich nicht mehr auf kleine Beträge. Großspurig gab ich das Geld mit meinen Freunden für Zigaretten und Würstchen aus, oder wir "fütterten” unersättliche Spielautomaten damit. Schon damals empfand ich es als eine Selbstverständlichkeit, die Taschen voller Geld zu haben und es verschwenderisch auszugeben.

Etwa zu dieser Zeit entdeckte ich noch eine weitere Leidenschaft - das Boxen. Ich trat einem Club bei und schloß dadurch viele neue Bekanntschaften. Wir trainierten regelmäßig miteinander, übertrafen uns gegenseitig im Gewichtheben - und im Trinken. Meist brachten wir den Alkohol schon in den Club mit. Nach dem Training gingen wir dann in die Stadt, um uns gemeinsam vollaufen zu lassen. Wir wollten das Leben genießen und unseren Spaß haben. Es verstand sich von selbst, daß wir als Boxer bei diesen Streifzügen keiner Schlägerei aus dem Weg gingen!

Unser Alkoholkonsum und die Häufigkeit unserer Prügeleien nahmen immer mehr zu. Das hatte zur Folge, daß wir

oft von der Polizei aufgegriffen und bis zum nächsten Morgen in die Ausnüchterungszelle gesteckt wurden. Sobald wir jedoch wieder auf freiem Fuß waren, gingen wir in die Stadt zurück, um uns neu "aufzutanken". Auf diese Weise lernte ich viele ältere Jungs kennen, die bereits alkoholabhängig waren.
Zu jener Zeit kam es in Bergen häufig zu Schlägereien und Gewaltverbrechen. Auch meine Freunde und ich ließen keine Gelegenheit aus, eine Prügelei anzuzetteln. Ich war für mein Alter ziemlich groß und gut durchtrainiert. Weil ich leidenschaftlich gerne bei Prügeleien mitmischte, war ich sehr beliebt bei den Jungs - und bald sogar stadtbekannt. Von der zehnten Klasse an war mein Interesse an der Schule gleich Null. Meine Gleichgültigkeit ging sogar soweit, daß ich selbst im Unterricht trank und Unruhe stiftete. Bald sah ich absolut keinen Sinn mehr darin, die Schule weiter zu besuchen. Und um die Sache auf die Spitze zu treiben, setzte ich mich eines Tages in das Zimmer des Direktors, zündete mir eine Pfeife an und begann meine Fingernägel mit einem Taschenmesser zu säubern. Daraufhin rief der Direktor meinen Vater an und bat ihn in sein Büro. Als mein Vater meine Inszenierung sah, war sein einziger Kommentar: "Junge, es sieht ganz so aus, als ob du mit der Schule fertig bist!"

Besserungsversuche auf hoher See

Um mich wieder auf die richtige Bahn zu bringen, schlug mein Vater vor, daß ich auf ein Schulschiff gehen sollte. Ich befolgte seinen Rat und verpflichtete mich für etwa fünf Monate auf der "Statsräd Lehmkuhl".
Die Route ging von Bergen über Stord nach Portugal. Danach fuhren wir weiter zu den Bermudas, nach New York und zu vier weiteren amerikanischen Städten.

Leider erfüllten sich die Erwartungen meines Vaters, daß sich durch die Strapazen und die harte Arbeit auf See mein Verhalten ändern würde, nicht im geringsten. Kaum hatten wir entdeckt, daß es an Bord Boxhandschuhe gab, kam es auch schon zu den ersten Machtkämpfen unter uns. Wir fanden schnell heraus, wer die Stärksten waren, und es gelang mir, einige der Jungs auf meine Seite zu ziehen. Unsere Freizeitbeschäftigung bestand darin, unseren Kameraden Geld und Zigaretten zu klauen. Wenn uns jemand dabei erwischte, bezog er kurzerhand eine Tracht Prügel. Auf diese Weise verschafften wir uns den nötigen Respekt und hielten die anderen in Schach.
Wenn wir Landgang hatten, bummelten wir durch die Straßen und bestaunten die exklusiven Waren in den Schaufenstern. Da ich mir meine zahlreichen Wünsche nicht auf ehrliche Weise erfüllen konnte, klaute ich einfach alles, was mir wertvoll erschien. Meine Diebstähle blieben natürlich nicht unentdeckt. Und als wir in den Hafen von New York einliefen, konnte ich den Steuermann nur mit Mühe dazu überreden, mich an Land gehen zu lassen. New York, diese riesige Stadt mit ihrem Labyrinth von Straßen und dem ausschweifenden Nachtleben, übte eine magische Anziehungskraft auf mich aus. Und in meinem Innern erwachte plötzlich ein unbändiges Verlangen, diese geheimnisvolle Großstadtwelt kennenzulemen und zu erleben.

Auf unseren Landgängen machten wir die ersten Erfahrungen mit Prostituierten. Unser Leben bestand daraus, uns sinnlos zu betrinken, Schlägereien anzuzetteln und Frauen abzuschleppen. Mit fünfzehn Jahren war ich bereits so skrupellos, daß viele Angst vor mir hatten.

Rückkehr nach Bergen

Als wir nach fünf Monaten wieder in unserem Heimathafen einliefen, sah meine Zukunft nicht gerade vielversprechend aus. Am Hafen wurden wir bereits von unseren Eltern erwartet. Als mein Vater an Bord kam, packte mich der Steuermann am Kragen und zerrte mich in seine Kajüte. Dort mußte ich vor dem Kapitän und meinem Vater das gesamte Diebesgut auf den Tisch legen. Mein Vater war verständlicherweise sehr enttäuscht von mir.

Danach erhielten alle - außer mir - ein Zeugnis. Als ich protestierte, bekam ich zwar eine Bescheinigung, aber sie fiel äußerst schlecht aus. Doch die Tatsache, daß ich in Bergen immer noch ein beträchtliches Maß an berühmtberüchtigtem Ansehen genoß, tröstete mich schnell über diese Enttäuschung hinweg.

Innerhalb kürzester Zeit hatte ich in meiner Heimatstadt wieder meine alte Position in dem mir vertrauten Milieu inne, wobei mir die Erfahrungen der letzten fünf Monate auf See sehr zugute kamen.

Ich belegte einen Berufsschullehrgang für Kupfer- und Metallverarbeitung, wurde aber wegen Untauglichkeit bald wieder entlassen. Aufgrund meiner häufigen Aufenthalte in der Ausnüchterungszelle kam ich eine Zeitlang in ein Erziehungsheim, was allerdings nicht die geringste positive Auswirkung auf mich hatte. Nach wie vor galt mein ganzes Interesse ausschließlich zwei Dingen - dem Trinken und Frauen.

Im Grunde genommen wollte ich hinter meinem damaligen Verhalten nur die rastlose Suche nach Freiheit verbergen. Obwohl ich zum damaligen Zeitpunkt noch nicht alkoholabhängig war, fiel es mir wegen meines Lebensstils zunehmend schwerer, mich als gesundes Mitglied in die Gesellschaft zu integrieren. Ich war absolut überzeugt von meinem

"Way of Life"!
Nachdem ich auf der Berufsschule so kläglich versagt hatte, spielte ich eine Zeitlang mit dem Gedanken, wieder auf See zu gehen, verwarf ihn jedoch wieder, da sich in Bergen vielversprechende Türen zu öffnen schienen. Im "Branns-Junior"-Verein war ein Boxer ausgefallen, und Kjell Jensen, einer meiner Kameraden, bot mir an, mich zum nordischen Turnier nach Dänemark mitzunehmen. Ich trainierte wie verrückt und war bald in Höchstform. Endlich war es soweit, und wir fuhren nach Dänemark, um dort in der Juniorklasse anzutreten. Doch wie schon so oft machte mir "Freund" Alkohol einen gewaltigen Strich durch die Rechnung, so daß ich noch während des Trainings in Dänemark wegen Trunkenheit disqualifiziert wurde.
Nun war ich doch entschlossen, wieder auf See zu gehen. Nachdem ich den Pulsschlag der Weltstädte gespürt hatte, kam mir Bergen unheimlich hinterwäldlerisch vor. Ich konnte mir einfach nicht vorstellen, je ein "normales" Spießbürgerleben zu führen.

Auf der Suche nach Freiheit und Abenteuer

Dieses Mal hatte ich die Karibik ins Auge gefaßt. Meine Eltern brachten mich zum Flesland-Flughafen, wo wir uns voneinander verabschiedeten. Kaum waren sie außer Sichtweite, fing ich sofort an, mich maßlos zu betrinken. Bei der Zwischenlandung in Oslo war ich bereits so orientierungslos, daß ich beträchtliche Schwierigkeiten hatte, meine Anschlußmaschine zu finden. Und nach unserer Ankunft in New York hatte ich es lediglich der Überredungskunst des Reiseleiters zu verdanken, daß ich in meinem Zustand überhaupt an Bord gehen durfte. Erleichtert erreichte ich schließlich mein Ziel: San Juan in Puerto Rico. Nach meinem Gepäck hielt ich allerdings vergeblich Ausschau. Wie ich feststellen mußte, hatte ich es irgendwo unterwegs verloren. Mein erster Weg führte mich in ein Bordell, wo ich natürlich prompt in eine Schlägerei verwickelt wurde. Weil ich dadurch einen ganzen Tag verlor, kam es nach meinem Erscheinen an Bord gleich zu einer heftigen Auseinandersetzung mit den Vorgesetzten. Überraschenderweise nahmen sie mich trotzdem für zwölf Monate als Maschinenjunge unter Vertrag. Unser Schiff pendelte zwischen den karibischen Inseln und Südamerika. Ich fühlte mich wie im Paradies, denn in allen Häfen herrschte ein Überangebot an Alkohol, Prostituierten und anderen begehrenswerten Dingen. Auch an Bord entdeckten wir einen beträchtlichen Vorrat an Rum, den wir nach und nach beiseite schafften. Unser Alkoholkonsum und somit unsere Aggressivität bei den Landgängen stiegen dadurch natürlich über die Maßen. Wir randalierten in Bars und Kneipen und stürmten Bordelle.

Bei unseren Streifzügen geriet ich mehr als einmal in Lebensgefahr. Ich ließ mich dadurch jedoch keineswegs abschrecken - im Gegenteil, es spornte mich noch mehr an. So richtig in Stimmung kam ich erst, wenn Blut floß. Wenn meine Kumpanen den Rückzug antraten, zog ich einfach allein weiter.

Nachdem ich etwa sechs Monate auf See gewesen war, kündigte ich meinen Vertrag und ging von Bord. Ich heuerte noch auf einigen anderen Schiffen an, wurde aber wegen meines Alkoholkonsums entweder entlassen oder nicht ausbezahlt. Weil ich einmal im betrunkenen Zustand einen Kapitän brutal zusammenschlug, wurde ich von der Polizei sogar auf die "Schwarze Liste" gesetzt.

Inzwischen war ich, ohne mir dessen bewußt zu sein, dem Alkohol völlig verfallen - ich war nur noch eine willenlose Marionette.

Nach einer tagelangen Sauftour durch Amsterdam und Rotterdam war ich total pleite. Mit Hilfe des norwegischen Konsulats konnte ich auf Staatskosten nach Bergen zurückkehren. Als ich zu Hause von Bord gebracht wurde, nahm ich kaum wahr, daß meine Eltern am Kai auf mich warteten. Ich war am Ende!

Mein Vater verschaffte mir eine Stelle in der Maschinenschlosserschule in Bergen. Da ich keinerlei Zukunftspläne hatte, waren für mich die 10.000 Kronen, die am Ende meiner Lehrzeit auf mich warteten, der einzige Anreiz.

Als ich dieses Ziel endlich erreicht hatte, feuerte ich meine Tasche in die Ecke und ging schnurstracks in eine Kneipe in der Innenstadt, um mir zur Feier des Tages ordentlich einen hinter die Binde zu gießen.

Auf meinem Weg dahin fiel ich der Länge nach eine Steintreppe hinunter. Da ich mein Bein vor Schmerz kaum noch bewegen konnte, blieb mir nichts anderes übrig, als einen Arzt aufzusuchen. Nach einer kurzen ambulanten Behandlung kreuzte ich dann in dem Lokal mit Gipsfuß und Krücken auf. Ich hatte Glück gehabt, daß ich mir nicht das Genick gebrochen hatte! Trotzdem ließ ich mich durch diesen Vorfall keineswegs von einer Fete abhalten!

Auch wenn ich es mir nicht eingestand, war ich moralisch und sozial völlig abgerutscht, ganz zu Schweigen von den schwerwiegenden Alkoholproblemen. Meine Freunde, die alle viel älter waren, und ich tranken jeden Tag. Wir fühlten uns nur noch wohl, wenn wir sternhagelvoll waren. Einige der Mädchen aus unserer Clique hatten angefangen, auf den Strich zu gehen.

Irgendwann meldete ich mich zur Marine. Weil ich körperlich in guter Verfassung war, wurde ich als normaler Wehrdienstleistender angenommen. Allerdings scheiterte mein Versuch, am Sonargerät auf einem U-Boot eingesetzt zu werden, wieder einmal an meiner mangelnden Disziplin. Deshalb bekam ich die "ehrenhafte" Aufgabe zugeteilt, die

Lebensmittel in der Kombüse zu zählen. Damit hatten sie "den Bock zum Gärtner" gemacht: Ich nutzte nämlich den Zugang zum Proviantlager auf meine Weise und schaffte Unmengen an Fleisch, Kaffee und anderen Waren beiseite. Das Diebesgut verkaufte ich an Kneipenbesitzer, die mich mit Spirituosen bezahlten. Auch diesmal blieben meine Geschäfte nicht lange unentdeckt, und ehe ich mich versah, fand ich mich mit Besen und Schaufel auf einem Kasernenhof wieder. Noch tiefer konnte man bei der Marine gar nicht sinken! Fünf Monate lang mußte ich dort den Abfall und die Zigarettenkippen vom Boden aufsammeln. Ich konnte kommen und gehen, wann ich wollte, und ich hatte den Eindruck, man wollte mich einfach nur vom Basislager fernhalten. Als meine Kameraden entlassen wurden, packte auch ich meine Sachen - jedoch aus einem anderen Grund: Mir standen eine zivile Gerichtsverhandlung und ein Prozeß vor dem Militärgericht bevor. Ich wurde zu 20 Tagen Arrest verdonnert, denen sogar noch weitere Tage folgten. Mich konnte inzwischen nichts und niemand mehr einschüchtern. Selbst während meiner Haft schreckte ich nicht davor zurück zu stehlen. Ich klaute sogar rohe Eier und beschmierte damit das Bügeleisen, mit dem die Uniformen der Soldaten gebügelt wurden!

Erste Ehe-Erfahrungen

Zu all meinen Problemen kam nun noch hinzu, daß die Tochter eines Polizisten, mit der ich seit einiger Zeit zusammen war, schwanger wurde. Da unser Kind in "geordneten Verhältnissen" aufwachsen sollte, beschlossen wir zu heiraten. Doch schon die Hochzeitsnacht war kennzeichnend für den weiteren Verlauf unserer Ehe. Ich fand es völlig in Ordnung, mich mit einem meiner Kameraden aus dem Box-Club auf den Fußboden zu setzen und mich sinnlos zu betrinken. Wir beide amüsierten uns prächtig, bis unsere feuchtfröhliche Zweisamkeit abrupt durch einen Dritten gestört wurde, der uns die Flasche entreißen wollte. Obwohl ich schon mehr als angeheitert war, war ich schneller. Ich sprang auf und schlug zu. Der Mann prallte rückwärts gegen die Wand und sank dann blutüberströmt zu Boden. Einige der anderen Gäste brachten ihn sofort ins Krankenhaus.

Da auf meiner Hochzeitsfeier nicht mehr die richtige Stimmung aufkommen wollte, hielt ich es für besser, mit ein paar Freunden in die Stadt zu fahren, um dort auf "Aufreißer-Tour" zu gehen. Nicht einmal das Flehen meiner Frau, bei ihr zu bleiben, konnte mich zurückhalten. Erst früh am Morgen kehrte ich nach Hause zurück und schlief noch im Smoking auf dem Sofa ein.

Als ich aufwachte, saß mir mein Schwiegervater gegenüber. Ich wunderte mich über seine merkwürdige Aufmachung, bis ich erkannte, daß er ein Riesenveilchen auf dem Auge hatte und sein ganzer Kopf dick einbandagiert war. Um wieder zu Kräften zu kommen, bat ich ihn noch etwas benommen um einen Drink. Daraufhin geriet er außer sich vor Wut und warf mich aus der Wohnung. So langsam dämmerte mir, was geschehen war: Ich hatte meinen eigenen Schwiegervater auf der Hochzeit seiner Tochter zusammengeschlagen! Da ich nun verheiratet war, sollte ich einer geregelten Arbeit nachgehen und fand einen Job als Tankwart. Allerdings versuchte ich meine Eheprobleme im Alkohol zu ertränken und war deshalb bei der Arbeit ständig blau. Und es kam, wie es kommen mußte: Eines Tages rief mich der Pächter zu sich. Als er mich aufforderte, Platz zu nehmen, setzte ich mich peinlicherweise genau zwischen zwei Stühle und fiel rücklings auf den Fußboden. Daraufhin seufzte er nur und meinte: "Tja, Eriksen, dazu bedarf es wohl keiner großen Worte mehr. Pack' deine Sachen und verschwinde!"

Damit war mein Arbeitsverhältnis beendet. Zu alledem erfuhr ich kurz danach, daß auch die Freundin meiner Frau ein Kind von mir erwartete. Ich schien vom Pech geradezu verfolgt zu sein! Als meine Frau davon erfuhr, war die Sache mit meiner Ehe natürlich gelaufen. Sie hatte ganze drei Wochen gedauert!

Nun nahm ich eine Stelle als Busfahrer in Bergen an. Sobald meine Schicht beendet war, parkte ich den Bus vor einer Kneipe, um etwas zu trinken. Wenn ich dann am nächsten Morgen mit brummendem Schädel aufwachte, hatte ich oftmals keine Ahnung mehr, wo ich den Bus am Vorabend abgestellt hatte. Schließlich beschwerten sich die Bezirksleiter beim Busuntemehmer über mich, weil sie es für unverantwortlich hielten, mich hinters Steuer zu lassen, und ich eine Gefahr für die übrigen Verkehrsteilnehmer sei. Damit hatten sie vollkommen recht, und so war ich auch diesen Job nach sehr kurzer Zeit wieder los.

Da sich meine Frau endgültig von mir abgewandt hatte, beschloß ich, gemeinsam mit ihrer Freundin in deren Heimatstadt Sandnessjøen im Norden zu gehen. Wir hatten die Möglichkeit, dort bei ihren Eltern zu wohnen. In Sandnessjøen kam ich wenigstens kurzzeitig etwas zur Ruhe. Ich genoß die herrliche Natur, ging angeln und trank nur sehr wenig.

Diese Lebensweise fing gerade an mir zu gefallen, als sich der Vater meiner Freundin eines Tages darüber beklagte, daß ich nie auch nur einen Pfennig Geld in der Tasche hätte. Um ihn nicht zu verärgern, besorgte ich mir einen Job in einem Aluminiumwerk im nahegelegenen Mosjøen. Ich gab mir auch sonst sehr viel Mühe, mich zusammenzureißen und ein anständiges Leben zu führen.

Meine neue Arbeitsstelle erwies sich insofern als ungünstig, da ich dort erneut mit Alkohol in Berührung kam. Ich schaffte es einfach nicht, meine Finger davon zu lassen und

war bald wieder völlig abhängig. Einmal benutzte ich unerlaubterweise einen Firmenwagen und kaufte in einem Spirituosengeschäft verschiedene Getränke für den Abend. Dann fuhr ich wieder zurück, um weiterzuarbeiten.
Kaum angekommen, war ich von Polizisten umringt. Bei ihrem Anblick brannten mir alle Sicherungen durch, und ich schlug mit meinem Schutzhelm und den Gummistiefeln wild um mich. Dabei verletzte ich einen der Beamten am Kopf. Ich wurde festgenommen und auf die Wache gebracht. Erst am nächsten Tag ließ man mich unter der Bedingung frei, die Stadt unverzüglich zu verlassen.

"Streetworker" im Einsatz

Kapitel 2

Vom Türsteher zum Zuhälter

Da ich Oslo schon von den Boxmeisterschaften her kannte und wußte, daß es in dieser Stadt viele Nachtclubs und jede Menge "leichter Mädchen" gab, bemühte ich mich von Mosjøen aus um eine Stelle als Fahrer bei einem Osloer Busuntemehmen. Trotz der vielen negativen Erfahrungen, die ich in der Vergangenheit gesammelt hatte, war ich nicht bereit, meinen gewohnten Lebensstil aufzugeben.

Für Weihnachten war ein Betriebsfest in der Busgarage vorgesehen, das schon morgens beginnen sollte. Ich hatte allerdings noch eine Tour zu fahren, vergaß aber meine Kasse. In meiner durch den Alkohol verursachten Euphorie kam mir spontan die Idee, den Fahrgästen eine besondere Freude zu bereiten, indem ich jeden einzelnen mit einer Zigarre in der Hand herzlich begrüßte und zu einer kostenlosen Fahrt einlud. Natürlich bemerkten die Fahrgäste, daß ich betrunken war, und bereits auf halber Strecke waren die meisten wieder ausgestiegen. Schließlich war bei den vorherrschenden Witterungsverhältnissen eine Fahrt mit einem Chauffeur wie mir lebensgefährlich! Allein zurückgeblieben beschloß ich, zur Busgarage zurückzukehren, um dort weiterzufeiern. Ich bewohnte mit einigen Kollegen ein Zimmer im zweiten Stock über den Garagen. Wir saßen manchmal bis vier oder fünf Uhr morgens beisammen und leerten ein Glas nach dem anderen. Um sechs kam unser Chef und schickte uns wieder zur Arbeit, denn um diese Zeit war unsere erste Tour angesetzt. Mein Nachtleben ging so lange gut, bis ich eines Tages ein Mädchen mit auf mein Zimmer nahm. An jenem Morgen mußten zwei Fahrer gegen meine Tür hämmern, um mich wachzubekommen. Das ärgerte mich, und ich rief ihnen durch die geschlossene Tür zu, sie sollten verschwinden. Als

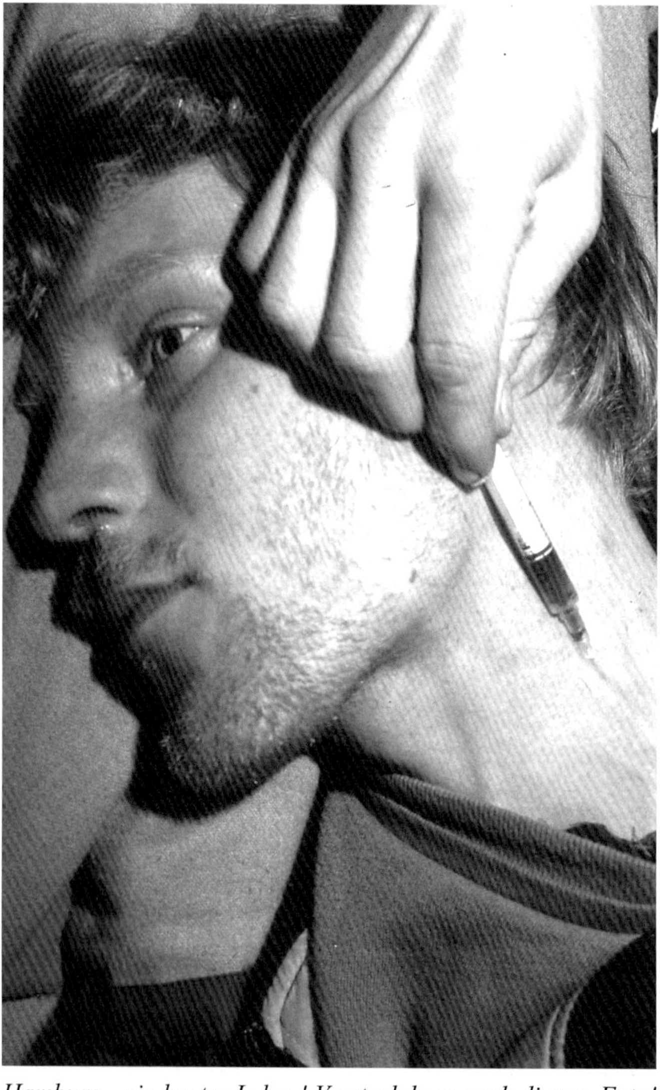

Hamburg - ein hartes Leben! Verstarb kurz nach diesem Foto!

sie aber nur noch wilder gegen die Tür trommelten, wurde ich so wütend, daß ich die beiden krankenhausreif schlug. Einen Tag später bekam ich meine letzte Verwarnung.

Ich trank trotzdem weiter und erschien am darauffolgenden Tag erst gar nicht zur Arbeit. Nun wurde ich zum Chef gerufen, der mich mit großen Augen ansah und sagte: "Ich dachte immer, so kräftige Kerle wie du seien gutmütig und harmlos. Aber du bist nicht nur verrückt, sondern auch gemeingefährlich! Jemanden wie dich können wir hier nicht gebrauchen!" Mit diesen Worten beendete er mein Arbeitsverhältnis.

Als mir wieder einmal bewußt wurde, wie ungesund mein Lebensstil war, meldete ich mich in einem Fitneßstudio an. Ich wollte meinen Körper um jeden Preis wieder auf Vordermann bringen. In diesem Studio lernte ich einen großen, kräftigen Mann kennen, und es stellte sich heraus, daß er der Besitzer des bekanntesten norwegischen Nachtclubs war. Als wir unsere Bekanntschaft etwas vertieft hatten, bot er mir einen Job in seinem Club an.

Für mich war sein Angebot eine willkommene Gelegenheit. Ich mußte jedoch bald feststellen, daß ich mich auf ein knallhartes Geschäft eingelassen hatte, denn fast alle stadtbekannten Kriminellen und Zuhälter verkehrten in diesem Lokal. Striptease und Prostitution waren selbstverständlich in unserem Angebot inbegriffen.

Meine Aufgabe bestand darin, im Club für Ordnung zu sorgen. Damit war ich in meinem Element, denn Prügeleien waren an der Tagesordnung. Als Türsteher hatte ich die strikte Anweisung, nur gutgekleidete Gäste einzulassen. Betrunkenen wurde der Zutritt grundsätzlich verweigert. Wenn jemand unpassend gekleidet war, konnte er sich gleich an Ort und Stelle bei uns eine Krawatte kaufen oder ein Jackett ausleihen - natürlich zu einem horrenden Preis! Auch wer die Gesellschaft einer Prostituierten in Anspruch nehmen

wollte, wurde von uns weitervermittelt.
Mit zu meinem Job gehörte auch, den Prostituierten bei ihren zwielichtigen Geschäften behilflich zu sein. Einer ihrer Tricks war, gleich am Tisch von ihren Kunden einen Vorschuß zu kassieren und dann durch die Hintertür zu verschwinden. Die betrogenen Freier konnten sehr ungemütlich werden, und ich und einige andere Aufpasser mußten uns um sie "kümmern". Oftmals war das gar nicht so einfach, denn nicht selten hatten wir es mit großgewachsenen, kräftigen Bauern zu tun, die sich einen "schönen" Abend in der Stadt machen wollten. Mehrere Male mußten wir solche Kunden auf die Polizeiwache begleiten, wo wir dann verhört wurden.
Es kam jedoch nie zu ernsthaften Strafmaßnahmen, denn wie wir bald feststellten, stand die Polizei dem Osloer Nachtleben relativ gleichgültig gegenüber. Ein Vorfall zeigte dies besonders deutlich:
Gewöhnlich gingen wir vor Arbeitsbeginn noch in einer Gaststätte essen. Eines Tages setzten sich zwei Zivilbeamte zu uns, die ich sehr gut kannte. Nicht lange danach kam ein Betrunkener an unseren Tisch und begann uns zu provozieren. Ohne zu zögern schlug ich den Kerl im Beisein der Polizisten brutal zusammen. Obwohl er bewußtlos auf dem Boden liegenblieb, standen die beiden wortlos auf und verließen das Lokal. Allerdings kamen sie noch am selben Abend in den Nachtclub und warnten mich, daß ich so etwas in ihrer Gegenwart nie wieder tun sollte. Sie wollten also lediglich vermeiden, Augenzeugen eines Verbrechens zu werden. Das war alles!
Alkohol, Brutalität und Betrügereien waren untrennbar mit meinem Job als Türsteher verbunden. Die Polizei war nicht die einzige Instanz, die diese Verhältnisse ziemlich kalt ließ. Bei einer Prügelei ging einer unserer Kunden mit einem zerbrochenen Glas auf mich los. Obwohl ich mein Gesicht

mit den Händen zu schützen versuchte, wurden mir tiefe Schnittwunden zugefügt. Als ich schließlich in meinem Türsteheroutfit in der Notaufnahme erschien, wurde mir der Eindruck vermittelt, ich sei überhaupt nicht vorhanden. Niemand schien mich zu bemerken, obwohl mir das Blut in Strömen über Gesicht und Hände lief. Ich war eben nur ein Türsteher! Ich schrie wie verrückt, bis endlich ein Arzt kam und mich ganz naiv fragte, warum ich einen solchen Lärm machte. Erst als ich ihn anbrüllte, er solle meine Schnittwunden nähen, bequemte er sich, mir zu helfen.

Wegen meiner kämpferischen Natur genoß ich bald die Sympathie der Zuhälter und Prostituierten, und damit öffneten sich mir die Türen zur Osloer Unterwelt. In den darauffolgenden Monaten konnte ich aus nächster Nähe beobachten, wie diese Jungs "das große Geld" machten, und ich kam zu dem Schluß, daß mein Job als Türsteher vergleichsweise unrentabel war. Offensichtlich konnte man als Zuhälter auf weitaus angenehmere Weise sehr viel mehr verdienen!

Ich war gerade 22 Jahre alt geworden, als ich beschloß, in das Geschäft einzusteigen. Dieser Gedanke war mir nicht spontan in den Sinn gekommen, er war vielmehr über Jahre hinweg auf dem Nährboden meiner gesellschaftsfeindlichen Lebenseinstellung gewachsen, um dann zur entsprechenden Zeit in die Tat umgesetzt zu werden.

Aus Prestigegründen war es in diesen Kreisen üblich, einen tollen Wagen zu fahren und sich exklusiv zu kleiden, was natürlich sehr kostspielig war. Um meine Pläne zu verwirklichen, schickte ich zunächst ein Mädchen auf den Strich, später kamen weitere hinzu. Weil ich sehr kräftig war, fühlten sich die Mädchen bei mir sicher. Überhaupt waren wir insgesamt gesehen ein ideales Team, da sie von mir Schutz bekamen und ich von ihnen das notwendige Kleingeld. Gewöhnlich hielt ich es so, daß ich die Mädchen nach eini-

gen Monaten austauschte. Die täglichen Einnahmen - immer zwischen 2.000 und 7.000 Kronen - wurden sofort in exzessive Saufgelage umgesetzt.
Als ich eines Abends mit einem meiner Mädchen unterwegs war, fanden wir eine prallgefüllte Brieftasche. Wir knackten ein Auto und fuhren damit nach Kopenhagen, um dort so richtig auf den Putz zu hauen. Doch ehe wir uns versahen, ging uns das Geld aus, so daß wir auf meine bewährten Methoden zurückgreifen mußten: klauen oder die Spendierfreudigkeit ahnungsloser Touristen hemmungslos ausnutzen. Ein Schwede, der uns auf einige Drinks in sein Hotelzimmer einlud, kam uns da gerade recht. Nachdem ich sternhagelblau ins Bett gefallen war, verzog sich meine Begleiterin mit ihm in ein anderes Zimmer.
Als ich am nächsten Morgen mit brummendem Schädel aufwachte, war ich allein. Nachdem ich vorsichtig aufgestanden war, begann ich nach meinem Mädchen zu suchen. Das war relativ schwierig, da ich nicht einmal wußte, wohin sie mit dem Schweden gegangen war. Als ich sie dann endlich gefunden hatte, erfuhr ich, daß der Freier nicht gezahlt hatte. Wieder einmal hatte mir der Alkohol einen Strich durch die Rechnung gemacht!

"Hast du Stoff?"

Da wir immer noch pleite waren, versuchten wir in Nyhavn einen Kunden abzuschleppen. Der vermeintliche Freier hatte jedoch einen anderen Wunsch. Nervös fragte er mich, ob ich Stoff hätte. Obwohl ich noch etwas benommen war, begriff ich instinktiv, daß hier Geld zu verdienen war. "Klar habe ich Stoff!" versicherte ich ihm. "Aber er ist an einem sicheren Ort!" Der Mann kam bereitwillig mit uns. Wir hatten ihm versprochen, wir würden ihm den Stoff geben, sobald er ge-

zahlt hätte.
Als er das Geld aus der Tasche zog, schlug ich ihn zusammen. Dann nahm ich die Scheine an mich, und wir hauten ab.
Nun hatte ich eine weitere Methode entdeckt, wie ich schnell zu Geld kommen konnte. Abend für Abend schlug ich nun die Drogensüchtigen nieder, die Stoff kaufen wollten, und mit der Zeit kam ich auf diese Weise an eine ganze Menge Bares.
Nachdem ich in zunehmendem Maß in der Drogenszene verkehrte, blieb es nicht aus, daß ich eines Tages auf "ne Runde Speed" eingeladen wurde. Ich kam schnell auf den Geschmack, bis ich einige Zeit später ein Erlebnis hatte, das ich mein ganzes Leben lang nicht vergessen werde.
Eines Abends überkam mich von einer Sekunde auf die andere ein totales "Down". Ich war im Drogenrausch und hatte Halluzinationen. Ich hörte Stimmen, die mir zuflüsterten, man würde mich umbringen. Als ich riesige Tiere durch den Nachtclub schleichen sah, stürzte ich in panischer Angst zur Tür hinaus. Doch draußen auf der Straße fühlte ich mich von einem Tiger verfolgt. Ich rannte um mein Leben. Dann sah ich plötzlich - wie aus dem Nichts - eine alte Frau vor mir auftauchen, die ein Maschinengewehr auf mich richtete. In Todesangst lief ich weiter und weiter, bis ich schließlich an eine Kneipe kam, in der ich Stammgast war. Zum Glück stieß ich dort auf einige Bekannte, die mir Pillen gaben, um mich von dem Horrortrip herunterzuholen. Nach dieser schockierenden Erfahrung war mein Bedarf an Drogen vorübergehend gedeckt.
Mein nächster Job war Türsteher in einem Lokal außerhalb von Nyhavn. Während ich einen Drink nach dem anderen in mich hineinschüttete, musterte ich die ankommenden Gäste. Sobald ich jemanden entdeckt hatte, der nach Geld "roch", setzte ich eines der Mädchen als Lockvogel auf ihn an. Wenn dann das Mädchen mit dem Betreffenden das Lokal verließ,

folgte ich ihnen, schlug den Freier zusammen, raubte ihn aus und ließ ihn einfach liegen. Danach kehrte ich seelenruhig in den Club zurück. Erstaunlicherweise wurde ich für diese Überfälle niemals zur Rechenschaft gezogen.
Die Zuhälter in Kopenhagen hielten zusammen wie Pech und Schwefel. Wann immer es erforderlich war, halfen wir einander. Und wer einen Zuhälter angriff, bekam die Rache der anderen zu spüren. Auch wenn eines der Mädchen auf irgendeine Weise mißbraucht wurde, machten wir den Betreffenden gemeinsam fertig. Diese Zusammenarbeit diente sowohl uns als auch den Mädchen als Schutz.
Eines Tages wurde unserer Kooperation jedoch ein jähes Ende bereitet, als die Kopenhagener Polizei eine Großrazzia durchführte. Einen ganzen Vormittag lang wurden alle ausländischen Zuhälter festgenommen und demonstrativ in der Öffentlichkeit mit Handschellen an einen alten dänischen Polizeiwagen gekettet. Als auch der letzte gefaßt war, wurden wir alle des Landes verwiesen. Damit war mein Aufenthalt in Kopenhagen fürs erste beendet!

Ein "ganz normaler" Tag im Leben eines Zuhälters

Als ich wieder nach Oslo zurückkehrte, stellte ich fest, daß der Drogenkonsum dort noch nicht so verbreitet war. Es gab zwar ein paar Hippies, die dafür bekannt waren, daß sie im Schloßpark Haschisch rauchten; in den mir vertrauten Kreisen beschränkte man sich jedoch auf Alkohol und Tabletten. Diese naiven Hippies paßten so gar nicht in unsere brutale Welt. Wenn sie schwärmerisch von Frieden und Freiheit redeten, lachten wir sie hämisch aus. Es machte uns Spaß, ihnen das Haschisch wegzunehmen und es anschließend selbst zu rauchen. Das war für uns damals etwas völlig

Neues! An hartem Stoff hatte ich allerdings keinerlei Interesse, da ich in Kopenhagen den körperlichen und psychischen Verfall von Drogenabhängigen mit eigenen Augen gesehen hatte.
Ein normaler Tag im Leben eines Zuhälters begann mit Alkohol. Gewöhnlich wachten wir in irgendeinem Hotelzimmer auf, und der erste Handgriff galt dem Drink auf dem Nachttisch. Danach wurde ausgiebig geduscht und anschließend folgte "'ne Nummer". Das erste Ziel, nachdem wir das Hotel verlassen hatten, war der Spirituosenhändler. Mit neuem "Proviant" beladen, peilten wir dann eines unserer Stammlokale in der Nähe des Rathauses an.
Dort waren nicht selten 20 bis 30 Zuhälter zum Frühstück versammelt, die sich unterhielten oder Billard spielten. Bei einer solchen Partie war ein Einsatz von 1.000 Kronen durchaus keine Besonderheit. In dieser Umgebung fühlten wir Zuhälter uns zu Hause.
Wenn die Mädchen "arbeiteten", blieben wir in der Nähe, um auf sie aufzupassen. Den Nachmittag verbrachten wir dann entweder wieder in der Kneipe oder auf der Trabrennbahn.
An einem warmen Sommerabend beschlossen wir, zum Hafen zu gehen, um eine Bootsfahrt zu unternehmen. Natürlich konnten wir auch diesen Ausflug nur mit Alkohol so richtig genießen. Als wir in der Nähe von Aker-Brygge waren, kam ich auf die wahnwitzige Idee, schwimmen zu gehen. Ich sprang kurzentschlossen über Bord und fand mich dabei noch außerordentlich komisch.
Ich hatte jedoch bald genug und wollte zurück an Bord. Zu meinem Entsetzen mußte ich feststellen, daß die Strömung unerwartet stark war. Mir wurde plötzlich klar, daß ich mich in Lebensgefahr befand, und ich schrie um Hilfe. Als man mir ein Tau zuwarf, bekam ich es nicht zu fassen. Einer meiner Freunde mußte ebenfalls ins Wasser springen und mir

das Tau in die Hand geben, so daß man mich an Bord ziehen konnte. Damit hatten wir uns die Sympathie der Bootsbesitzer verscherzt. Keiner von ihnen war danach noch bereit, uns an Bord zu nehmen. Sie schreckten auch nicht davor zurück, im Notfall die Polizei zu rufen.
Abends hielten wir uns in den Nachtclubs auf, in denen die meisten von uns früher als Türsteher gearbeitet hatten. Gleich am Eingang gaben wir unsere Flaschen ab, die der Kellner uns anschließend umsonst servieren mußte. Später holten wir die Mädchen vom Club ab und reservierten die Hotelzimmer.
Mancher Freier war so dumm und schleppte Zehntausende von Kronen mit sich herum. Es verstand sich von selbst, daß sich die Mädchen einen derart "fetten Brocken" nicht entgehen ließen und ihn um sein Bargeld erleichterten, indem sie unbemerkt seine Brieftasche plünderten. Als Belohnung bekamen sie dafür einen oder mehrere Tage frei. Etwas Besonderes für eine Prostituierte war es, wenn sie mit ihrem Zuhälter aufs Land fahren konnte, um dort mit ihm gemeinsam das erbeutete Geld zu verprassen.

Unser Verhältnis zum "Arm des Gesetzes"

Obwohl weit und breit bekannt war, daß wir unser Brot mit illegaler Zuhälterei verdienten, hinderte uns die Polizei nicht daran. Wenn wir allerdings zu brutal mit den Mädchen umgingen, weil ihre Leistungen nicht unseren Vorstellungen entsprachen, waren die Beamten sofort zur Stelle, um uns eine Verwarnung zu erteilen. Auch Streitereien unter den Zuhältern duldeten sie nicht. Wir legten selbstverständlich großen Wert darauf, unser vorteilhaftes Verhältnis zur Polizei nicht leichtfertig aufs Spiel zu setzen - nicht zuletzt deshalb, weil sie unsere Mädchen beschützten. Wir revanchierten uns auf unsere Weise, indem wir großzügig darüber hinwegsahen, wenn sich der eine oder andere Beamte gelegentlich kostenlos einer der Prostituierten bediente.

"Mensch, ärgere mich nicht!"

Wenn uns ein Kunde Ärger bereitete, indem er die Mädchen betrog oder vergewaltigte, griffen wir zu äußerst harten Maßnahmen. Sobald wir den Betreffenden aufgespürt hatten, schlugen wir ihn brutal zusammen und raubten ihn bis auf den letzten Pfennig aus.
Ein solcher Vorfall ist mir noch besonders gut in Erinnerung. Diesem Mann setzte ich die Pistole in den Nacken und schleifte ihn (nachdem ich ihn bis zur Bewußtlosigkeit geprügelt hatte, um sein Geld zu stehlen) an der Polizeiwache vorbei zum Taxistand. Der Taxifahrer war so eingeschüchtert, daß er auf der Fahrt zu meiner Wohnung nicht einen Laut von sich gab.
Während wir die Waffe auf ihn gerichtet hielten, mußte der Freier die ganze Nacht zusehen, wie wir uns vollaufen ließen. Er fürchtete sich so sehr, daß er am ganzen Körper zitterte und sogar mehrmals in die Hose machte. Wenn ich von meinem Freund nicht daran gehindert worden wäre, hätte ich ihn wahrscheinlich erschossen. Doch mein Kumpel war der Ansicht, der Mann habe schon genug für seine Tat bezahlt.
Oftmals war die Situation auch umgekehrt, und ich war das Opfer, das gerade noch mit dem Leben davonkam. Mehr als einmal hat man mich mit der Pistole bedroht oder ist in meine Wohnung eingebrochen, um mich umzubringen. Manchmal erwachte ich auch über und über mit Blut verschmiert in einer Ausnüchterungszelle. Krampfhaft überlegte ich dann, ob ich in der vergangenen Nacht jemanden umgebracht hatte.

Meist gelang es mir nicht, mich an irgendetwas zu erinnern! So blieb mir nichts anderes übrig, als abzuwarten, ob man mir meine Schuhe und meinen Gürtel zurückgeben würde oder nicht. Wenn ich meine Sachen ausgehändigt bekam, bedeutete dies Freilassung, wenn sie einbehalten wurden, mußte ich zum Verhör!

Auch unter uns Zuhältern kam es häufig zu Auseinandersetzungen, die nicht selten mit dem Messer ausgetragen wurden. So wurde ich beispielsweise eines Tages, als ich mit Freunden auf der Treppe vor dem Rathaus saß, von einer Gruppe von Zuhältern angegriffen. Einer von ihnen zog völlig unerwartet sein Messer und wollte mir damit das Auge ausstechen. Er traf nur den Wangenknochen.

Die Spielregeln im Milieu waren grausam, und ich mußte einen hohen Preis zahlen, um mich über Wasser zu halten. Doch obwohl mir bewußt war, daß jeder Tag mein letzter sein konnte, schaffte ich den Absprung nicht.

Kapitel 3

Im Schatten des Todes

Eine Zeitlang arbeitete ich als Leibwächter für einen großen Dealer in Kopenhagen. Wir fuhren in seinem Sportwagen durch die Gegend, und er besorgte den Ein- und Verkauf. Obwohl ich ihn vor Überfallen schützen konnte, war es mir nicht möglich, ihn vor sich selbst zu schützen: Er starb an einer Uberdosis Heroin. Eines Abends hatte ich selbst zuviel Stoff genommen und verlor mehr und mehr die Kontrolle über mich. Ich wurde in eine Schlägerei in Nyhavn verwickelt, bei der ich einen Mann zusammenschlug. Er fiel kopfüber ins Wasser, und ich weiß nicht, ob er wieder auftauchte, denn ich floh.

Als ich eines Tages eine realistische Bestandsaufnahme machte, mußte ich feststellen, daß mir die Kontrolle über mein Leben völlig entglitten war. Es war nicht abzuleugnen, daß ich inzwischen ein schlägernder Alkoholiker geworden war, der seiner selbst nicht mehr Herr wurde. Ich beschloß nach Bergen zurückzukehren, um noch einmal ernsthaft zu versuchen, ein ordentliches Leben zu führen.

Leider dauerte es nicht sehr lange, bis mich meine Vergangenheit wieder einholte. Ich fing an, am Wochenende, wenn die Läden geschlossen waren, Spirituosen zu verkaufen. Der Gewinn war so hoch, daß ich einige Leute anstellen konnte, die die Arbeit für mich erledigten, so daß ich nur noch abkassieren mußte.

Die Mädchen, die für mich arbeiteten, forderte ich auf, die Kunden dazu zu animieren, bei mir eine Flasche zu bestellen. Ich setzte sie auf ihre Rechnung, ließ sie ihnen aber gar nicht bringen. Auf diese Weise wurde eine Flasche oft mehrmals am Abend verkauft.

Viele unserer Kunden waren angesehene Bürger, die ein

scheinheiliges Doppelleben führten, oder sogar Prominente, die man vom Fernsehen oder aus der Zeitung kannte. Die Mädchen erzählten mir gelegentlich, mit welch perversen Wünschen diese Männer zu ihnen kamen.
In Bergen gab es zwei berüchtigte Viertel - eines davon war Strandkaien. Dort verkehrten die wohlhabenden Landwirte, die sich eine "vergnügliche" Nacht mit einer Dirne machen wollten. Die Mädchen lotsten sie nach draußen, wo wir sie überfielen und ausraubten. Der zweite gefürchtete Ort war der Theaterpark, in dem es sehr häufig zu Gewalttaten kam, wenn wir uns dort aufhielten. Und meistens war ich derjenige, der eine Schlägerei auslöste!
Ich erlebte, wie viele meiner Freunde an dem Lebensstil zugrunde gingen, zu dem ich sie angestiftet hatte. Ich mußte tatenlos mitansehen, wie einer nach dem anderen elend ums Leben kam. Die Zeit der harmlosen Prügeleien war längst vorbei! Inzwischen trugen wir unsere Streitigkeiten nur noch mit Waffen aus, und Todesfälle waren keine Seltenheit mehr. Menschen gingen zugrunde, persönliche Beziehungen zerbrachen. Ich konnte niemandem mehr trauen, auch dem besten Freund nicht. Drogensüchtige, die Geld für ihren nächsten Schuß brauchten, schreckten vor nichts zurück! Wenn man Pech hatte, wurde man von ihnen zusammengeschlagen und ausgeraubt.

Den Tod vor Augen

Ich kann mich noch gut daran erinnern, wie eines Tages ein befreundetes Paar zu mir kam. Sie wollten sich von mir verabschieden, denn sie hatten ihr Leben satt. Ich begriff nicht, wie ernst es ihnen damit war. Am nächsten Morgen wurden die beiden tot in ihrem Bett aufgefunden. Todesursache: eine Überdosis Heroin!

Ein anderer Bekannter erschoß sich mit der Pistole, ein Dritter schluckte vor dem Schlafengehen eine Antabuskapsel. Nachdem er einige Joints geraucht hatte, schlief er ein und starb noch in derselben Nacht an inneren Verbrennungen. Wieder andere wurden einfach zu Tode geprügelt.
Da sich die Situation immer mehr zuspitzte, besorgte ich mir zu meinem Schutz ein paar abgerichtete Schäferhunde, die mich überallhin begleiteten. Mit der Zeit wurden diese Hunde meine besten Freunde, und ich fütterte sie mit denselben Delikatessen, die auch ich mir gönnte: Filet und Lachs. Wenn ich im Restaurant Essen ging, bestellte ich immer zwei zusätzliche Portionen für die Hunde und ließ sie vom Kellner neben meinem Tisch servieren. Weil ich wegen meiner Brutalität bekannt und gefürchtet war, wagte niemand, mir meine extravaganten Wünsche abzuschlagen.
Als ich eines Tages im Stadtpark spazierenging, kamen zwei Polizisten vorbei, die mit bewunderndem Interesse meine Schäferhunde betrachteten. Stolz wollte ich ihnen vorführen, was diese Tiere gelernt hatten, und befahl einem der Hunde: "Faß ihn!" Es dauerte keine zwei Sekunden, bis der Hund einem Beamten an der Kehle hing. Daraufhin wurde ich in Handschellen abgeführt.
Nach einer Nacht in der Zelle wurde ich zum Verhör gebracht. Man zeigte mir Bilder von den Bißwunden, die mein Schäferhund dem Beamten zugefügt hatte, und ich wurde zu zehn Tagen Haft verurteilt. Diese zehn Tage sollten für mich die Hölle auf Erden werden!
Da ich inzwischen völlig tabletten- und alkoholabhängig war, bedeutete der bevorstehende Gefängnisaufenthalt, daß ich mich auf eine unfreiwillige Entziehung gefaßt machen konnte, denn die Polizei war unter keinen Umständen bereit, mir mit Medikamenten über die Runden zu helfen. Die Zelle, in die ich gesteckt wurde, war leer. Nicht einmal eine Matratze hatte man mir gelassen.

Die Entzugserscheinungen stellten sich mit unbarmherziger Pünktlichkeit ein. Mein Zustand verschlimmerte sich mit jeder Stunde, bis ich schließlich zum ersten Mal ein Delirium Tremens erlebte. Ich fing an, kleine Tiere zu sehen, die aus der Wand, aus der Toilette und aus der Deckenlampe krochen, und war kurz davor, verrückt zu werden.
Nachdem ich fünf Tage lang auf dem Betonboden geschlafen hatte, brachte man mir eine Matratze. Zwei Tage später wurde ich als psychiatrischer Fall in das Kreisgefängnis in Bergen verlegt. Als ich nach drei Tagen wieder auf freien Fuß gesetzt wurde, hatte ich einen Entzug überstanden, den ich nicht einmal meinem schlimmsten Feind gewünscht hätte.

Hochzeit hinter Gittern

Als ich mich einige Jahre später wieder einmal in Bergen in Haft befand, verliebte ich mich. Wir beschlossen zu heiraten, damit die Polizei sie nicht mehr als Zeugin gegen mich benutzen konnte. Weil ich Schreib- und Besuchsverbot hatte, kümmerte sie sich um die Formalitäten und erledigte die notwendigen Vorbereitungen.
In meinem Anzug, den ich für meine Hochzeit trug, wurde ich mit Handschellen zu meiner Braut geführt. Erst als ich entschieden dagegen protestierte, in Handschellen getraut zu werden, wurde ein speziell ausgebildeter Sicherheitsbeamter bereitgestellt, der mich während der Zeremonie bewachen sollte. Nach der Trauung gingen wir - natürlich unter Aufsicht - in ein Restaurant. Danach wurde ich sofort wieder in meine Zelle zurückgebracht.
So blieb meiner frischgebackenen Ehefrau nichts anderes übrig, als die Hochzeit in meiner Abwesenheit mit unseren Freunden zu feiern. Mitten in der Nacht wurde ich wach,

weil sie mit einem anderen Mann draußen vor meinem Zellenfenster auf der Straße stand. Sie rief mir zu, daß sie jetzt mit ihrem Begleiter unsere Hochzeitsnacht verbringen würde.

Als ich einige Monate später entlassen wurde, zog ich zu meiner Frau, die allerdings schon nach wenigen Wochen meine groben Umgangsformen kaum noch ertragen konnte. Außerdem bedrückte es sie sehr, daß sich viele aus unserem Bekanntenkreis durch ihren Lebensstil zugrundegerichtet hatten und starben.

Da es in unserer Wohnung oftmals zu Schlägereien kam, führte die Polizei immer häufiger Razzien bei uns durch. Dabei wurden beachtliche Mengen an Alkohol und Schmuggelwaren beschlagnahmt. An ein geordnetes Familienleben war unter den gegebenen Umständen natürlich überhaupt nicht zu denken.

Eines Morgens klingelte es an der Tür. Ich war völlig verkatert und fühlte mich hundeelend, als ich die Tür öffnete. Draußen standen zwei Zivilbeamte, die gekommen waren, um mich zu warnen. Jemand sei aus der Untersuchungshaft ausgebrochen und habe gedroht, mich umzubringen.

Mir wurde sofort klar, daß es sich nicht um einen Scherz handelte. Aufgrund der zahlreichen Razzien hatte ich keine Waffe mehr im Haus, und ich machte mich sofort auf den Weg, um mir eine neue zu beschaffen. Ich war fest entschlossen, den Kerl zu erschießen, der mir ans Leder wollte. Sicherheitshalber sorgte ich dafür, daß alle meine Freunde von meiner Absicht erfuhren, um mir den Kerl vom Leib zu halten. Wenn ich jedoch nicht gewarnt worden wäre, hätte mich dieser Typ mit Sicherheit umgebracht.

Mit 27 Jahren hatte ich keinerlei Zukunftsperspektive mehr. Ich war mir bewußt, daß mein Leben zwangsläufig in einer Sackgasse enden mußte. Praktisch bedeutete dies, daß ich mich bald unter der Erde wiederfinden würde, wenn ich nicht

eine radikale Kursänderung vonahm.
Eines Morgens wurde ich nach einer durchzechten Nacht von einem Freund wachgerüttelt. "Laß mich in Ruhe!" schnauzte ich ihn an und rollte mich auf die andere Seite, um weiterzuschlafen. Kreidebleich brüllte er mich an: "Jan deine Frau hat sich erhängt!" Wie vom Blitz getroffen, richtete ich mich auf, und da hing sie - direkt über mir...
Ich löste das Seil und schüttete wie von Sinnen einige Drinks in mich hinein. Dann fuhr ich zum Polizeirevier, um Meldung zu machen. Dort wollte man mir zu Anfang gar nicht glauben. Erst als ich richtig wütend wurde und drohte: Wenn ihr nicht sofort zu mir nach Hause fahrt und sie abholt, werfe ich sie aus dem Fenster!" machten sich einige Beamte auf den Weg.
Viele Zuhälter und Freunde aus Oslo kamen zur Beerdigung, und während der Trauerfeier spürte ich förmlich, wie sich anklagende Blicke in meinen Rücken bohrten. Sie warfen mir vor, meine Frau in den Tod getrieben zu haben. Auch die Polizei versuchte noch einige Zeit, mir die Sache anzuhängen. Doch aus Mangel an Beweisen mußten sie schließlich aufgeben und den Fall zu den Akten legen. Obwohl ich aufgrund meiner Lebensweise sehr abgebrüht war litt ich wegen dieses entsetzlichen Vorfalls noch jahrelang unter Schuldgefühlen. Immer öfter spielte ich nun mit dem Gedanken, mir selbst das Leben zu nehmen.
Mein schlechtes Gewissen hinderte mich jedoch keineswegs daran, sofort nach der Beerdigung in die Innenstadt von Bergen zu fahren, um mich dort zu betrinken. Als uns der Besitzer eines Lokals den Eintritt verwehren wollte, schlug ich zu und brach ihm den Unterkiefer. Anschließend betrank ich mich beinahe bis zur Besinnungslosigkeit und fuhr erst spät am nächsten Tag nach Oslo zurück. Dort schickte ich ein Mädchen, das ich aus Bergen mitgenommen hatte, sofort auf den Strich.

Endstation

Die Leute, mit denen ich zusammenlebte, waren Zuhälter und Drogensüchtige. Eines Tages kam eine Prostituierte zu mir und erzählte, daß sie von einem Kerl aus Baerum belästigt wurde.

Einer meiner Freunde machte sich mit mir auf die Suche nach diesem Typ, um ihn kurzerhand umzulegen. Wir steckten verschiedene Waffen ein - unter anderem auch eine Pistole, setzten uns ins Auto und brausten mit Sommerreifen über die schneebedeckten Straßen davon.

Plötzlich prallte ein Fahrzeug auf das Heck unseres Wagens und schob uns in eine Schneewehe. Als ich mich umdrehte, sah ich, daß es ein Polizeiwagen war. Da wir das Blaulicht nicht bemerkt hatten, hatten die Polizeibeamten uns kurzerhand von der Straße geschoben.

Bei der Durchsuchung fanden sie unsere ganze Waffensammlung - außer der Pistole, die ich unter dem Sitz versteckt hatte. Die Polizisten forderten uns auf, vor ihnen her zum Revier zu fahren. Leider gelang es uns nicht, ihnen unterwegs zu entwischen.

So wurden wir lediglich wegen Trunkenheit am Steuer angeklagt. Wenn wir nicht aufgehalten worden wären, hätten wir vielleicht in absehbarer Zeit wegen Mordes vor Gericht gestanden.

Drei Monate nach der Beerdigung meiner Frau heiratete ich ein drittes Mal. Die Hochzeitsnacht verbrachte ich in einem Nachtclub, während meine Frau anschaffen ging. Im Morgengrauen trafen wir uns dann in einer Pension, um dort mit einigen anderen Zuhältern und Prostituierten zu feiern.

Ich war 29 Jahre alt, als mein Körper anfing, gegen den ständigen Mißbrauch zu rebellieren. Eines Tages brach ich auf offener Straße zusammen und konnte nicht mehr laufen. Ich war so schwach, daß es mir einfach unmöglich war, wieder auf die Beine zu kommen. Ich wurde in eine Klinik für Alkoholiker eingeliefert, wo nach wenigen Tagen wieder das Delirium Tremens einsetzte. Obwohl ich verschiedene Medikamente gespritzt bekam, litt ich unter starken Halluzinationen und sah ganze Heerscharen von Schlangen, Löwen, Katzen und Ratten mein Krankenzimmer bevölkern. Es war grauenhaft!

Nach umfangreichen Untersuchungen entdeckte man in meiner Brust mehrere dunkle Schatten. Da der Verdacht auf Krebs bestand, beschlossen die Ärzte, mich in eine Spezialklinik einzuweisen. So landete ich schließlich in der Radiumklinik. Die Analyse der Gewebeproben ergab jedoch, daß es sich um gutartige Geschwüre handelte, denen mit einer angemessenen Therapie beizukommen war.

Kaum war ich wieder auf den Beinen, machte ich mit meinem alten Leben weiter. Einige der Mädchen, die ich aus Bergen mitgebracht hatte, starben an einer Überdosis Heroin oder Tabletten. So war ich gezwungen, laufend neue Mädchen zu organisieren, die für mich auf den Strich gingen. Mit einem der Mädchen verstand ich mich bis auf einen Punkt hervorragend: Sie verwickelte mich gern in Schlägereien, denn es machte ihr Spaß, mir dabei zuzusehen. Als sie eines Abends einen Kunden um eine immense Summe erleichtert hatte, wurde die Lage allerdings so brenzlig, daß wir beschlossen, eine Zeitlang aus der Stadt zu verschwinden.

Also machten wir uns auf den Weg nach Trondheim, wo wir - wie hätte es auch anders sein können - direkt in Zuhälterkreisen landeten. Die Prostitution florierte hier nicht wie in Oslo, allerdings war in Trondheim der Alkoholismus stark verbreitet, und deshalb nahmen Gewaltverbrechen zu. Die Erkenntnis, daß ich mich dort spielend leicht einleben und den gegebenen Umständen anpassen konnte, war im Grunde

sehr enttäuschend für mich. Denn ganz gleich, wo ich einen neuen Anfang suchte - ich endete immer wieder in der Gosse! Es schien, als ob dieses Schicksal wie ein unabwendbarer Fluch auf mir lastete.
Was sich zuvor in Kopenhagen, Bergen und Oslo abgespielt hatte, wiederholte sich nun in Trondheim. Ich war inzwischen so abgestumpft, gleichgültig und teilnahmslos geworden, daß mir mein Leben nichts mehr bedeutete. Auch die Nachricht vom Tod eines weiteren Freundes ließ mich kalt. Während einer unserer Sauftouren in Trondheim erschlug ein Kumpel eine meiner Freundinnen mit einem Hammer. Anschließend verstümmelte er die Leiche mit dem Messer. Obwohl sich der Mord in meiner unmittelbaren Nähe abspielte, zuckte ich nicht einmal mit der Wimper.

Todessehnsucht

"Sie leiden an Morbus Reitar", erklärte mir der Arzt. Davon hatte ich in meinem ganzen Leben noch nichts gehört. Die Auswirkungen dieser Gelenkerkrankung waren jedoch nur allzu deutlich spürbar. Mein Rücken und meine Knie waren so geschwächt, daß sie mir beinahe den Dienst versagten. Nachdem ich ins Ulleväl-Krankenhaus eingeliefert worden war, sagte man mir, daß ich damit rechnen mußte, bald im Rollstuhl zu sitzen.
An Krücken kehrte ich schließlich nach Trondheim zurück. Da ich meinen Körper nun nicht mehr zu meiner Verteidigung gebrauchen konnte, mußte ich mir mit anderen Waffen aushelfen. Auf diese Weise wurde ich noch gefährlicher für meine Umwelt.
Die Ärzte hatten mir verschwiegen, daß diese Krankheit nicht nur die Gelenke schwächt, sondern auch die Sehfähigkeit beeinträchtigt. Schon kurze Zeit nach meiner Ent-

lassung aus dem Krankenhaus konnte ich nur noch mit Hilfe einer sehr starken Brille sehen.
Als Heiligabend vor der Tür stand, arrangierte ich für mich und einen Kumpel ein bombastisches Weihnachtsfest in Trondheim: Wir gingen an Bord der Hurtiglinie mit Kurs auf Norden. Als wir in Tromsø anlegten, beschlossen wir an Land zu gehen. Unsere Unterkunft befand sich ganz in der Nähe einer riesigen Brücke. Als ich bei einem Spaziergang stehenblieb und meinen Blick über das Geländer schweifen ließ, zog mich plötzlich die unter mir liegende, unergründliche Tiefe in ihren Bann. Gleichzeitig hatte ich den Eindruck, der Tod sei an meine Seite getreten, um mich mit betörenden Worten zum Springen zu überreden. In Gedanken blickte ich noch einmal auf mein Leben zurück, und es erschien mir in diesem Augenblick nichts anderes gewesen zu sein als eine grausame Aneinanderreihung schmerzhafter und sinnloser Erfahrungen. Ich existierte zwar, lebte aber nicht. Alles sprach dafür, meinem erbärmlichen Dasein ein Ende zu setzen, doch irgend etwas hielt mich davon ab, diesen letzten Schritt zu tun.

Zwei Prostituierte im "Cafehaus" - beide kurz darauf gestorben

Kapitel 4

Gibt es eine Hoffnung?

Die ernüchternde Erkenntnis, daß für mich das Rennen gelaufen war, bewog mich dazu, Hilfe beim Blauen Kreuz zu suchen. Und tatsächlich fand ich dort zum ersten Mal seit langer Zeit Ruhe.

Obwohl ich mich eigentlich in den sogenannten besten Jahren befand, verspürte ich einen Lebensüberdruß, der einem alten, verbitterten Mann zugestanden hätte. Ich hatte das Gefühl, alles gesehen und erlebt zu haben, was das Leben zu bieten hat. Mit 31 Jahren war ich am Ende.

Mein Körper war durch den ständigen Alkoholkonsum und die schweren Krankheiten für immer gezeichnet. Ich hatte weder Freunde, auf die ich mich verlassen konnte, noch besaß ich Geld.

Während meines Aufenthalts beim Blauen Kreuz bekam ich laufend schmerzstillende Medikamente, die mir jedoch nur geringfügig Erleichterung verschafften. Immer wieder wurde mein Körper von unerträglichen Krämpfen geschüttelt. In solchen Zeiten konnte ich nur unter Aufbietung all meiner Kräfte über den Flur gehen.

Ein Bestandteil der Therapie des Blauen Kreuzes waren Gesprächsrunden, in denen die Betroffenen über sich selbst und ihre Vergangenheit redeten. Wenn ich meine Lebensgeschichte erzählte, dachten die anderen Teilnehmer, ich hätte alles nur erfunden. An diesem Tag faßte ich den Entschluß, nie wieder ein Wort über meine Vergangenheit zu verlieren.

Eine Prostituierte hört dem Evangelium zu.

Eine lebensverändernde Erfahrung

Beim Blauen Kreuz arbeitete ein junges Mädchen. Bei einem Gespräch erzählte sie mir eines Tages, sie sei Christin. Bisher hatte ich es in meinem ganzen Leben nur mit einer einzigen religiösen Frau zu tun gehabt - mit meiner Großmutter! Jedesmal, wenn ein Gottesdienst im Radio übertragen wurde, hing sie wie gebannt am Lautsprecher. Sie war sehr fromm, aber das Christentum war für mich immer ein Buch mit sieben Siegeln. Ich konnte absolut nichts damit anfangen.

Ich war bei meinen verschiedenen Reisen schon in etlichen Seemannskirchen gewesen, die Hauptanziehungskraft hatte dabei jedoch der Kaffee und der Kuchen auf mich ausgeübt, den man dort bekam. Ansonsten hatten meine Kumpels und ich keinerlei Ehrfurcht vor heiligen Dingen - im Gegenteil, wir alberten während des Gottesdienstes nur herum.

Als nun dieses Mädchen Interesse an mir zeigte, war mein einziger Gedanke, sie so schnell wie möglich ins Bett zu bekommen. Meine dahingehenden Bemühungen wies sie jedoch mit aller Deutlichkeit zurück. Sie machte mir auf freundliche, aber bestimmte Weise klar, daß sie daran keinerlei Interesse hatte. Die Dinge, die sie mir geben wollte, hatten nichts mit Sex zu tun. Sie erzählte mir von Jesus und daß Er mir einen neuen Anfang ermöglichen wollte. Leider begriff ich überhaupt nicht, was sie damit meinte. Irgendwie wurde ich in ihrer Gegenwart unsicher. Dieses Gefühl war mir fremd, denn ich hatte mir das Image eines Mannes zugelegt, den nichts und niemand aus dem Konzept brachte. Herausforderungen hatte ich mich stets in bester Macho-Manier gestellt. Und ich hatte mir fest vorgenommen, dieses Niveau auch beim Blauen Kreuz beizubehalten. Nun wurde ich zum ersten Mal in meinem Leben damit konfrontiert, etwas nicht zu bekommen, was ich unbedingt

haben wollte. Diese Tatsache brachte mein Selbstbewußtsein ganz erheblich ins Wanken, und deshalb setzte ich meine ganze “Anmacher-Erfahrung“ ein, um sie 'rumzukriegen.
Doch meine täglichen Annäherungsversuche stießen bei ihr auf Granit. Sie sagte nur immer wieder liebevoll zu mir: "Ich bete für dich, Jan!" Mit diesen Worten verwirrte sie mich nur noch mehr. Schließlich lud sie mich ein, eine christliche Veranstaltung zu besuchen. Ich war neugierig, ob sie ihre Willenskraft von dort bezog, und beschloß mitzugehen.
Was ich an diesem Abend allerdings zu sehen bekam, war die reinste Trauergesellschaft, und ich fragte mich, was sie an derartigen Versammlungen anziehend fand. Doch irgend etwas bewegte mich dazu, noch einmal mitzugehen. Ich hatte das Empfinden, daß ich auf etwas Positives gestoßen war, für das ich noch keine Erklärung finden konnte.
Als wir uns am nächsten Tag beim Blauen Kreuz zum Gruppengespräch zusammensetzten, wußte ich, daß man mir heute auf den Zahn fühlen würde. Natürlich hatte es sich schon herumgesprochen, wo ich am vergangenen Abend gewesen war. Und prompt lautete die erste Frage, die an mich gerichtet wurde: "Bergen," (das war mein Spitzname), "bist du jetzt etwa Christ geworden?" Und zu meinem eigenen Erstaunen antwortete ich: "Ich weiß nicht, ob ich Christ bin oder nicht. Aber wenn mein gestriges Erlebnis etwas mit Jesus Christus zu tun hatte, hätte ich nichts dagegen, ein Christ zu sein!" Danach war ich völlig schockiert darüber, daß ich gerade eben höchstpersönlich Stellung für Jesus bezogen hatte. In meinem tiefsten Innern mußte sich offensichtlich eine drastische Änderung abgespielt haben.

Jan Eriksen gibt Zeugnis im Osloer Staatsgefängins

Jan als Teamleiter bei Teen Challenge in New York

Jan bei der Arbeit auf den Straßen New Yorks

Ein Moslem hört und versteht das Evangelium

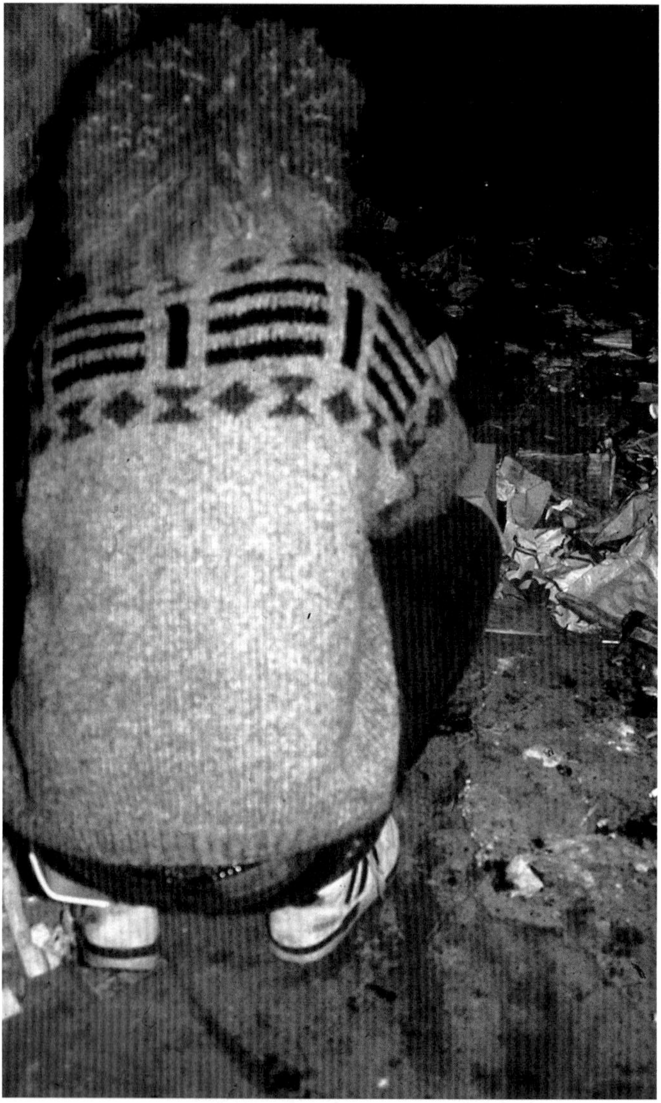

Die Aktivitäten des Teams von STREET AID
in den dunklen Gassen Kopenhagens

Hoffnung für die Hoffnungslosen
im Amsterdamer Sperrbezirk

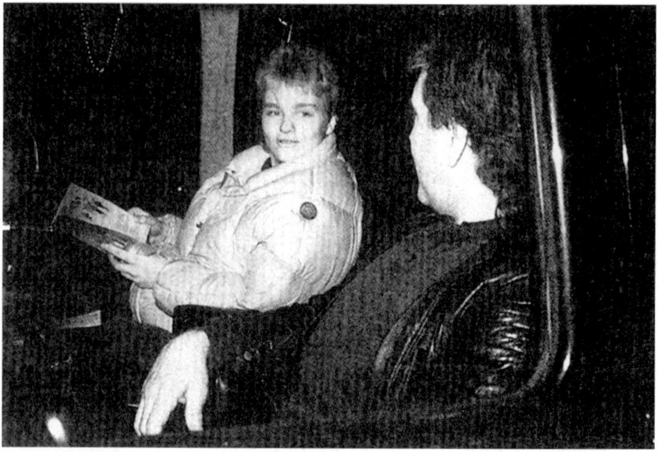

Der Wagen von "STREET AID" unterwegs in Oslo.
Mädchen werden zu einem Gespräch über Jesus eingeladen.

"Heißer Kaffe und menschliche Wärme" -
Menschen von der Straße erfahren in unserer
Osloer Teestube die Liebe Gottes.

Ein neues Leben beginnt

Von diesem Tag an wollte ich Christ sein, obwohl ich keine Ahnung hatte, wie man als solcher lebt. Das Beste, so dachte ich, war zunächst einmal, regelmäßig diese Versammlungen der Christen zu besuchen und aufmerksam zuzuhören, was dort gesagt wurde. Zum Glück kam immer irgendjemand vorbei, um mich abzuholen. Alleine hätte ich es aus gesundheitlichen Gründen nicht geschafft, dorthin zu fahren. Diese Hilfsbereitschaft und Fürsorge vermittelte mir das Gefühl, eine Art der Freundschaft gefunden zu haben, die mir bis dahin fremd gewesen war.

In dem Umfeld, in dem ich mich noch bis vor kurzer Zeit bewegt hatte, machte keiner auch nur einen Finger für den anderen krumm, wenn es wirklich darauf ankam. Und nun erlebte ich, daß es Menschen gab, die mich aufrichtig mochten und mir ohne eigennützige Hintergedanken halfen. Ein solches Verhalten kam mir aufgrund meiner schlechten Erfahrungen zunächst äußerst suspekt vor. Ich zerbrach mir den Kopf darüber, was sie eines Tages dafür von mir verlangen würden. Als ich dann feststellte, daß ihre Anteilnahme tatsächlich aus reinem Herzen kam, faßte ich zunehmend Vertrauen.

Mit Erstaunen beobachtete ich bei den Gottesdiensten, wie Menschen nach vorne gingen, um für sich beten zu lassen. Dabei war ich immer unangenehm berührt und fand alles nur unheimlich peinlich. Doch eines Abends verspürte ich den Drang, dasselbe zu tun. Also verließ ich meinen Platz, ging nach vorne und kniete nieder. Ein paar Leute legten mir die Hände auf. Ich bekam einen Schweißausbruch, so daß sie mich schnell wieder losließen.

An diesem Abend wurde mein Leben völlig neu. Ich hatte beschlossen, Christ zu werden, und nun konnte Gott die entscheidende Veränderung in mir bewirken.

Als ich wieder zum Blauen Kreuz zurückgekehrt war, fing ich dort sofort einen Streit mit einem der Männer an. Ich schrie ihn an und fluchte, wie es jahrelang meine Art gewesen war. Als ich kurze Zeit später in meinem Zimmer war, bekam ich ein schlechtes Gewissen und ekelte mich vor mir selbst. Also beschloß ich, mich bei dem betreffenden Mann zu entschuldigen.

Ich zögerte nicht lange und sagte ihm, daß es mir leid tat. Noch vor kurzer Zeit wäre ich zu so etwas überhaupt nicht fähig gewesen!

Von nun an erlebte ich Überraschungen. Eines Tages sagte eine leise Stimme in mir: "Wirf doch einmal einen Blick in dein Zimmer!" Zum ersten Mal fiel mir auf, daß es dort aussah wie in einem Schweinestall. Überall lagen Pornohefte und ähnliches wild verstreut herum. Also machte ich mich an die Arbeit, warf alle Zeitschriften weg, räumte auf und machte alles gründlich sauber. Danach fühlte ich mich besser!

Ich blieb noch einige Monate in Trondheim. Obwohl ich Christ geworden war, hatte ich immer noch jede Menge Probleme, doch ich hatte nun die Gewißheit, daß für mich ein neues Leben begonnen hatte - und ich wollte nicht mehr sterben. Wie meine Zukunft im einzelnen aussehen würde, wußte ich allerdings nicht.

Als ich eines Morgens wie so oft aus meinem Fenster hinüber zur psychiatrischen Klinik schaute, sagte ich zu Gott: "Herr, wenn Du willst, kannst Du mir genau die Arbeit geben, die ich haben möchte!" Ich verspürte ein starkes Drängen, wieder zu arbeiten und nicht länger im Bett vor mich hin zu vegetieren.

Also bewarb ich mich in der Klinik, hegte aber große Zweifel, ob sie jemanden wie mich dort überhaupt haben wollten. In meiner Bewerbung hatte ich weder mit meiner Vergangenheit noch mit meiner grundlegenden Veränderung, die

ich durch das Eingreifen Gottes in mein Leben erfahren hatte, hinter dem Berg gehalten. Kurz darauf erhielt ich einen Brief, in dem ich zu einem persönlichen Gespräch eingeladen wurde. Ich war nicht wenig erstaunt, als ich im Anschluß an diesen Termin tatsächlich eingestellt wurde.
Ich konnte meine neue Arbeitsstelle sogar schon am nächsten Tag antreten. Der Pfleger, der mich einwies, teilte mir meine erste Aufgabe zu. Sie bestand darin, eine alte Frau zu waschen. Diese Arbeit behielt ich dann für die kommenden drei Monate bei. Ich pflegte die Patienten, die sich nicht mehr selbst waschen und anziehen konnten.
Das war nicht immer einfach! Viele Patienten schlugen sogar nach mir oder spuckten das Essen wieder aus, so daß ich es vom Boden aufwischen mußte. Ich wunderte mich selbst darüber, daß ich nach all dem, was ich bisher erlebt hatte, soviel Geduld für diese Menschen aufbringen konnte und den Job nicht sofort wieder an den Nagel hängte. Diese Erfahrung war für mich ein weiterer Beweis, daß ich ein neuer Mensch geworden war.
Schließlich wurde ich gefragt, ob ich mit einem Patienten nach Kopenhagen fahren könnte. Dieser Auftrag war ein harter Prüfstein für mich und eine Vorbereitung auf den Dienst, den Gott für mich bestimmt hatte. Mit einem ziemlichen Vorrat an Beruhigungsmitteln, die der Patient während der Reise einnehmen mußte, wurde ich losgeschickt. Als ich eine Woche später aus Kopenhagen zurückkam, hatte ich keine einzige Tablette angerührt!
Doch trotz allem versuchte der Teufel mir, wo immer er nur konnte, eins zuzusetzen. Eines Tages wurde mir bei der Arbeit plötzlich so schwindelig, daß ich nur noch torkelnd gehen konnte. Gleichzeitig überfiel mich entsetzliche Panik. Diese Angstzustände waren völlig unbegründet, und doch wurde ich immer wieder von ihnen gequält. Wie aus heiterem Himmel wurde ich beispielsweise beim Essen in einem

Restaurant oder während einer Taxifahrt von unerklärlichen Angstzuständen erfaßt, und ich konnte mich ihrer nicht erwehren. Das absurdeste Erlebnis dieser Art hatte ich bei einem Gottesdienst in Trondheim. Während ich sang, sah ich plötzlich, wie meinem Vordermann Würmer aus dem Kopf krochen. Bei diesem Anblick bekam ich es wirklich mit der Angst zu tun!

Ein weiterer massiver Angriff des Teufels bestand darin, daß mir immer wieder diese Gedanken im Kopf herumgingen: "Nun bist du wiedergeboren, und dein Leben auf der Erde ist doch eigentlich unnötig. Deshalb ist es das Beste, du machst gleich jetzt mit allem Schluß!" Um dem etwas entgegensetzen zu können, vertiefte ich mich in meine Bibel.

Einige Zeit später bekam ich den Rundbrief einer Osloer Gemeinde in die Hände. Ein Artikel berichtete von ehemaligen Drogenabhängigen, die Christen geworden waren. Einer von ihnen war sogar namentlich genahnt. Er hieß Arne Bakken. Ich freute mich riesig, daß andere dieselbe Erfahrung gemacht hatten wie ich, und etwas in mir schien vor Freude darüber fast zu explodieren.

Ich beschloß nach Oslo zu fahren, um diese Leute kennenzulernen und eine Schulung über die Arbeit mit Drogenabhängigen und Prostituierten zu besuchen, von der ich ebenfalls in diesem Gemeindebrief gelesen hatte.

Einige Tage vor meiner Abfahrt nach Oslo kam eine Pflegerin völlig aufgelöst ins Zimmer gestürzt und rief: "Jan, es ist alles aus!" Als ich sie fragte, was geschehen war, berichtete sie aufgeregt: "Draußen sind bewaffnete Leute, die dich umbringen wollen! Du mußt unbedingt die Polizei alarmieren!" "Das wird nicht nötig sein", beruhigte ich sie. Die Bibel sagt in Psalm 34, Vers 8: »Der Engel des Herrn lagert sich um die her, die ihn fürchten, und er befreit sie.«! Daraufhin sah sie mich völlig entgeistert an.

Natürlich konnte sie nicht verstehen, was mir in diesem Augenblick klar geworden war: Ich brauchte mich nicht länger selbst verteidigen, denn Gott würde mich beschützen und mir in jeder Situation zur Seite stehen. Als ich hinausging, um der Truppe, die mich auslöschen wollte, unbewaffnet gegenüberzutreten, beruhigte sich die angespannte Lage wie von Geisterhand geführt, und mir wurde nicht ein Haar gekrümmt! So erlebte ich auf beeindruckende Weise, daß Gott zu Seinem Wort steht und mich nicht im Stich läßt.

Viele Leute auf der Straße sind offen für das Evangelium.

Göttliche Heilung in Oslo

Als ich die Schulung in Oslo besuchte, erlebte ich am eigenen Leib ein Wunder. Gott heilte mich und stellte sowohl meine Sehkraft als auch die Funktionsfähigkeit meiner Gelenke vollkommen wieder her. Seit jenem Tag brauche ich keine Brille mehr, und ich kann auch ohne irgendwelche Hilfsmittel gehen.

Nach diesem Erlebnis fiel es mir leicht, mich in die Reihen derer zu stellen, die Gott mit erhobenen Händen ihre Dankbarkeit und Ehrerbietung ausdrückten. Nun war ich nicht nur innerlich, sondern auch äußerlich ein völlig neuer Mensch geworden!

Nachdem ich wieder nach Trondheim zurückgekehrt war, setzte ich die Medikamente ab, die ich gegen die quälenden Gelenkschmerzen eingenommen hatte. Ich fühlte mich sogar so frei, daß ich nicht einmal mehr Lust hatte, Zigaretten zu rauchen. Mein einziger Wunsch war, die Ankömmlinge an der Rezeption des Blauen Kreuzes zu empfangen und ihnen von Jesus zu erzählen.

Einige Zeit später kam mir zu Ohren, daß in Oslo ein Kurs für Christen stattfinden sollte, die Interesse an Straßenarbeit hatten. Ich war sofort Feuer und Flamme und machte mich erneut auf den Weg. Die Kursleiter legten mir ans Herz, erst einmal selbst an einem Rehabilitations-Programm teilzunehmen. Doch davon wollte ich nichts wissen! Mein einziger Gedanke war, mich auf die Arbeit auf der Straße vorzubereiten, und schließlich ließ man mich an dem einjährigen Kurs teilnehmen.

Während meines Aufenthalts in Oslo versuchten einige meiner ehemaligen Bekannten aus den Zuhälterkreisen, Gerüchte über mich zu verbreiten, um mich in ein schlechtes Licht zu rücken. Der Grund dafür war wohl ihre Befürchtung, ich würde meine einschlägigen Erfahrungen ausplau-

dern, die ich in den 16 Jahren im Zuhälter-Milieu gesammelt hatte.
Auf diese Weise kamen sowohl die Leiter des Kurses wie auch ich anfänglich in manch unangenehme Situation, doch mit der Zeit glätteten sich die Wogen.

Ein langgehegter Wunsch geht in Erfüllung

Endlich kam der Tag, an dem ich in der Aufnahmestation des Blauen Kreuzes in Oslo mitarbeiten konnte. Zu meinen Aufgaben gehörte es, mich um die Betrunkenen zu kümmern, die vor dem Gebäude herumlungerten. Obwohl ich meinen Job so liebte, daß ich Überstunden gern in Kauf nahm, zog es mich immer wieder hinaus auf die Straße - zurück in die Kreise, aus denen ich gekommen war. Ich hatte ein immenses Verlangen, meinen früheren Freunden von dem neuen Leben zu berichten, das ich gefunden hatte. Jeden Abend ging ich in die Stadt, um Flugblätter zu verteilen und mit Menschen zu reden. Schon nach kurzer Zeit wurde mir klar, daß ich weitaus effektiver arbeiten könnte, wenn ich ein Auto hätte. Die Sache hatte nur einen kleinen Haken: Man hatte mir damals in Baerum den Führerschein wegen Trunkenheit am Steuer entzogen!
Deshalb war mein nächstes Ziel, meine Fahrerlaubnis zurückzubekommen. Der erste Schritt auf diesem Weg war ein sonntägiger Aufenthalt im Osloer Gefängnis, in dem ich in den vergangenen sechs Monaten schon einige Insassen besucht hatte.
Ich konnte mich eines merkwürdigen Gefühls nicht erwehren, als ich mich dort mit der Bibel unter dem Arm zum Strafantritt meldete. Nachdem man mir eine Zelle zugewiesen hatte, riß ich zuerst alle pornographischen Poster von der Wand, was bei meinen Mitgefangenen große Verwunde-

rung auslöste. Doch als wir wenig später zusammensaßen, konnte ich ihnen mein Verhalten erklären und erzählen, wie Gott mein früheres Leben verändert und einen neuen Menschen aus mir gemacht hatte.
Ich sagte ihnen, daß ich während meines Aufenthalts viel in der Bibel lesen wollte, und bat sie, mich einige Stunden am Tag nicht zu stören. Wenn es zu Auseinandersetzungen kam, betrachtete ich diese Zwischenfälle als willkommene Gelegenheit, von Jesus zu erzählen.
Schon nach einigen Tagen wurde ich zum Vertrauensmann gewählt. Ich betete für jeden, den ich kennenlernte, und führte gute Gespräche mit den Gefangenen. Ich spürte, daß die anderen Respekt vor mir hatten, weil ich mich meines Glaubens nicht schämte.
Endlich lernte ich auch Arne Bakken kennen. Er besuchte mich im Gefängnis und brachte mir Traktate und christliche Literatur mit, die ich unter den Gefangenen verteilen konnte. Auf diese Weise konnte ich auch die Inhaftierten mit dem Evangelium erreichen, mit denen ich nicht persönlich sprechen konnte.
Als ich im Sommer aus dem Gefängnis entlassen wurde, herrschte überall auf den Straßen buntes Treiben. Der Anblick der vielen Menschen schürte mein ohnehin schon brennendes Verlangen, jeden einzelnen von ihnen für Christus zu gewinnen, nur noch mehr.
Schon lange hatte ich davon geträumt, Versammlungen unter freiem Himmel abzuhalten, um die Menschen darauf aufmerksam zu machen, wie sehr Gott sie liebte. Und ich spürte, daß für mich die Zeit gekommen war, das zu tun, wozu Gott mich berufen hatte.
Kaum war ich wieder auf freiem Fuß, ließ ich mich zum Osloer Dom fahren, denn dort hielten sich die Drogenabhängigen und Prostituierten auf. Von diesem Tag an war ich den ganzen Sommer über jeden Montag, Mittwoch und Freitag

hier anzutreffen. Von morgens bis abends verteilte ich christliche Traktate und erzählte von Jesus. Mit der Zeit bekam ich einen echten Draht zu den Leuten, die dort verkehrten. Da ich immer noch nicht im Besitz meines Führerscheins war, war ich darauf angewiesen, daß mich jemand hinfuhr und wieder von dort abholte.
Während ich vor dem Dom Bücher verkaufte und Flugblätter verteilte, versuchte mich der eine oder andere zu provozieren. Manchmal spitzte sich die Situation derart zu, daß ich haarscharf einer Schlägerei entging. In solchen Momenten wurde mir die Tatsache, daß ich ein neuer Mensch geworden war, besonders deutlich. Jedes einzelne Mal gab Gott mir die Kraft, Ruhe zu bewahren.
Da meine Liebe zu den Menschen auf der Straße größer war als alles andere, fühlte ich mich von Gott in meinem Tun bestätigt.
Während ich mich Tag für Tag mit Drogenabhängigen, Alkoholikern und Prostituierten beschäftigte, blieb mir keine Zeit mehr, einer geregelten Arbeit nachzugehen. Deshalb hatte ich manchmal nicht einmal das nötige Kleingeld, um mit der Straßenbahn nach Hause zu fahren. Ich wurde auch des öfteren von den jüngeren Leuten aus der Gemeinde gefragt, ob ich nicht mit ihnen zum Baden fahren wollte. Der Grund, warum ich absagte, war nicht etwa mangelndes Interesse - ich konnte mir solche Unternehmungen einfach nicht leisten!
Meine finanzielle Lage störte mich jedoch nicht im geringsten. Ich war glücklich darüber, daß ich Gott dienen konnte! Außerdem hielt ich es für vorteilhaft, große Strecken zu Fuß zurückzulegen, denn dadurch wurde ich körperlich fit und konnte meine Beinmuskeln wieder trainieren.

Konfrontation mit dem alten Milieu

Da ich schon einige Morddrohungen bekommen hatte, hatte ich ein bestimmtes Lokal in der Stadt aus Sicherheitsgründen bisher gemieden, weil ich wußte, daß sich dort viele meiner ehemaligen Bekannten aufhielten.

Deshalb war ich nicht wenig überrascht, als Gott mir eines Tages den Impuls gab, in diese Kneipe zu gehen, um mit den Zuhältern Kontakt aufzunehmen. Ich bemerkte, wie mir schon bei dem Gedanken daran das Herz in die Hose rutschen wollte. Es war eine Sache, Drohungen am Telefon zu hören, und eine andere, diesen Leuten von Angesicht zu Angesicht gegenüberzutreten!

Der Herr fragte mich: "Jan, bist du bereit, diesen Menschen von mir zu erzählen?" Für mich bedeutete dies, daß ich wieder in die verruchtesten Stadtteile Oslos gehen mußte - doch diesmal tat ich es im Namen Jesu! Als ich schließlich vor der Eingangstür des Lokals stand, hatte ich trotzdem ein merkwürdiges Kribbeln in der Magengegend. Wie würde man auf mein Erscheinen reagieren?

Eine Überlegung tröstete mich: Ganz gleich ob ich lebend wieder herauskam oder nicht, ich gehörte zu Gott! Es war ohnehin ein Wunder, daß ich noch am Leben war -wenn heute mein letzter Tag sein sollte, hatte ich wenigstens noch einige wunderschöne Monate erlebt! Ich kam zu dem Schluß, daß ich nichts zu verlieren hatte, und ging hinein.

Der Anblick, der sich mir bot, ließ mich innerlich erneut in die Knie gehen. Die komplette Gang war versammelt, und viele der Jungs waren bewaffnet. Es herrschte eine äußerst gespannte Atmosphäre. Ich wußte, daß einige der Zuhälter nicht davor zurückschrecken würden, mich kaltblütig umzulegen. Da ich mich nicht mehr wie früher mit einer Waffe verteidigen wollte, war ich völlig auf die Hilfe Gottes angewiesen.

Als man meine Anwesenheit bemerkt hatte, wurde es totenstill im Raum. Ich nahm meinen ganzen Mut zusammen und ging direkt auf ihren Tisch zu. "Hallo, wie geht's?" fragte ich. "Ich habe gehört, daß einer von euch nach mir gefragt hat!" Während mich die übrigen feindselig anstarrten, meinte einer von ihnen: "Klar, Bergen! Setz dich und trink ein Bier, dann können wir uns unterhalten."

Ich hielt Ausschau nach dem Kellner, um mir eine Cola zu bestellen, doch der hatte sich in weiser Voraussicht aus dem Staub gemacht. Schließlich ging eines der Mädchen hinter die Theke und besorgte mir eine Cola. Inzwischen schien die Luft vor Spannung förmlich zu knistern. Einer der Jungs sagte provokativ: "Bergen, wie wäre es, wenn du kurz zum Laden fährst und ein paar Flaschen für uns besorgst?" Ich antwortete: "Ich hatte früher keine Angst vor euch, und ich fürchte mich auch heute nicht. Ihr müßt euch das Zeug schon selbst besorgen!"

In diesem entscheidenden Moment stand ich vor der Wahl, ein christlicher "Sozialarbeiter" zu sein, der ab und zu ein Bier mit den Jungs trank, oder ich konnte die Karten auf den Tisch legen und mich kompromißlos auf die Seite Gottes stellen. Ich entschied mich für das Letztere. Ich wollte mich diesem Druck nicht beugen, sondern mich voll und ganz für das Evangelium einsetzen. "Ich werde weder ein Bier mit ihnen trinken noch zu diesem Laden fahren", dachte ich. Jesus hat mich als Bote zu ihnen gesandt, und als solchen können sie mich entweder annehmen oder ablehnen.

Als der Druck beinahe unerträglich wurde, spürte ich plötzlich, wie der Heilige Geist über mich kam. Fast im selben Augenblick forderte mich einer der Jungs auf: "Okay, Bergen, laß hören, was mit dir los ist!"

Als ich anfing zu erzählen, kam aus meinem Innern eine unglaubliche Kraft hervor. Ich stand vor ihnen und berichtete, wie Jesus mich verändert hatte. Während ich redete, kam der

Heilige Geist auch über sie, und einige dieser harten Burschen fingen an zu weinen. An jenem Tag nahmen viele von ihnen Jesus als ihren Herrn an. Von den übrigen sind heute leider etliche nicht mehr am Leben.
Nach diesem Erlebnis war ich stärker als zuvor, weil ich dem Druck nicht nachgegeben hatte, und durch meine Entschlossenheit war ich in der Achtung der Zuhälter ein ganzes Stück gestiegen.
Nach meinen Erfahrungen kann ich die Ansicht der Gemeinden nicht teilen, die versuchen, den Menschen lediglich durch Sozialarbeit zu helfen. Ich habe gelernt, daß wir nur dann echte Errettung bringen, wenn wir uns kompromißlos auf die Seite des Evangeliums stellen.

Ein Heroin-Raucher

Der erste Einsatz im Gefängnis

Nachdem ich mit dem Pfarrer des Osloer Staatsgefängnisses telefonisch einen Termin vereinbart hatte, konnten die Vorbereitungen für einen Einsatz im B-Block beginnen. Wir nahmen uns viel Zeit zum Gebet und setzten große Erwartungen auf Gott.

Als der ersehnte Tag gekommen war, sagte mein Begleiter kurzfristig ab, so daß ich völlig auf mich allein gestellt war. Nun stand mir fast eine volle Stunde zur Verfügung, in der ich zu den Männern sprechen konnte. Der Saal begann sich zu füllen, und nach einigen Minuten saßen etwa fünfzig Mann vor mir, die mich erwartungsvoll anstarrten.

"Hör' auf mit dem Quatsch!" und ähnliche abwertende Bemerkungen wurden mir aus der Menge entgegengebrüllt. Es war wirklich nicht einfach, in Fahrt zu kommen, doch Gott gab mir Mut. Wie damals in der Stammkneipe der Zuhälter stand ich hier erneut vor der Entscheidung, mich der Situation zu beugen oder mich für Jesus zu erheben.

Also bat ich die Störer, den Saal zu verlassen. Danach wurde es ruhiger, und ich konnte anfangen, von meinen Erlebnissen zu erzählen. Gott enttäuschte meine Erwartungen nicht, und meine Worte erzielten eine große Wirkung bei den Inhaftierten.

Zu Beginn war die Arbeit auf der Straße sehr mühselig, doch mit der Zeit schienen die Leute zu begreifen, daß ich das, was ich sagte, ernst meinte, und sie fingen an, mich zu respektieren. Trotzdem mangelte es mir nicht an Herausforderungen: Ganz gleich, ob mir meine alten Freunde oder meine eigenen Gefühle in die Quere kamen, ich lernte von Anfang an, daß ich in jedem Lebensbereich vorbildlich sein mußte, um siegreich zu sein und an Stabilität und Kraft zuzunehmen!

Hoffnung auch für die schrecklichsten Fälle!

Kapitel 5

Auf den Straßen Norwegens

Seitdem ich Christ geworden war, hatte ich beinahe 25 kg zugenommen, so daß sich einige den spöttischen Kommentar nicht verkneifen konnten: "Das hast du nun von deiner Frömmigkeit!" Diese Bemerkung ärgerte mich, zumal ich den Leuten auf der Straße nicht den Eindruck vermitteln wollte, man würde körperlich völlig verwahrlosen, wenn man Christ wird.

Einige meiner Geschwister, die früher aktive Sportler gewesen waren, waren ebenfalls physisch in einem äußerst schlechten Zustand. Sie erzählten mir, daß sie dem Sport den Rücken gekehrt hatten, nachdem sie von neuem geboren worden waren. (Und das konnte man ihnen schon von weitem ansehen!) Doch ihrem Beispiel wollte ich nicht folgen, und deshalb entschloß ich mich, wieder sportlich aktiv zu werden. Ich fing an, täglich einige Runden zu laufen und mit Gewichten zu trainieren. Und es dauerte nicht allzulange, bis ich mein ursprüngliches Gewicht zurückerlangt hatte.

In der Bibel fand ich mich in meinen Bemühungen bestätigt, denn es hieß dort, daß unser Körper Gott gehörte und wir ihn zu Seiner Ehre benutzen sollten. Als ich diese Verse gelesen hatte, konnte ich erst recht nicht verstehen, warum manche Christen ihren Körper aufs Sträflichste vernachlässigten - und so "geistlich" wurden, daß sie sich kaum noch bewegen konnten!

Einsätze in Schulen und Gemeinden

Neben der Straßenarbeit begleitete ich Teams, die an Schulen das Evangelium predigten. Wir hatten eine tolle Gemeinschaft untereinander und lernten viel bei unseren gemeinsamen Aktivitäten. Wir reisten durch ganz Norwegen und beteten mit vielen Jugendlichen.
Außerdem hatten wir die Möglichkeit, Gottesdienste in verschiedenen Gemeinden zu gestalten, so daß ich einen guten Einblick in die christlichen Kreise in Norwegen bekam. Obwohl ich mit ganzem Herzen bei der Sache war, hatte ich nicht den Eindruck, daß ich dazu bestimmt war, in Schulen zu gehen. Gott hatte dafür bereits Menschen ausgewählt, die eine ausgezeichnete Arbeit leisteten. Mich dagegen zog es nach wie vor unaufhaltsam hinaus auf die Straße.
Während ich im Glauben heranreifte, machte ich eine Beobachtung, die mich sehr traurig stimmte. Ein Großteil der Christen saß Sonntag für Sonntag in der Gemeinde, hörte sich schöne Predigten an und schien darauf zu warten, daß die Sünder in die Gottesdienste kamen, um sich zu bekehren. Das war nicht nach meinem Geschmack! Ich wußte, wo die Leute anzutreffen waren - man fand sie überall, nur nicht in einem Gottesdienst! Sie hetzten durch die Straßen oder hingen in Kneipen herum. Sie kamen überhaupt nicht auf die Idee, eine Gemeinde zu besuchen, es sei denn jemand überzeugte sie an Ort und Stelle davon, daß Jesus wirklich etwas für sie tun konnte. Sicherlich war es nicht meine Aufgabe, von einer Kanzel herab wohlformulierte Predigten zu halten. Nein, für mich gab es keinen Zweifel mehr, ich gehörte auf die Straße! Es war nicht Gottes Wille für mich, die Christen mit meiner Lebensgeschichte zu unterhalten.
In dieser Zeit bemühte ich mich erneut darum, meinen Führerschein zurückzubekommen, und reichte einen Antrag bei der Polizei ein. Der Beamte lachte nur und holte demon-

strativ zwei dicke Aktenordner aus dem Regal, die sämtliche Unterlagen über mich enthielten. In dem einen befanden sich alle abgeschlossen Fälle, in dem anderen wurden die Akten über die Vergehen aufbewahrt, derer ich noch beschuldigt wurde.
Er warf einen vielsagenden Blick auf den zweiten Ordner und meinte: "Jan, wenn du in fünf Jahren wieder vorbeikommst, hast du vielleicht eine Chance!" Auf mein wiederholtes Drängen setzte er sich dann aber doch an die Schreibmaschine. Während er das Antragsformular ausfüllte, berichtete ich ihm, wie Jesus in mein Leben eingegriffen hatte. Außerdem erzählte ich ihm von meiner Arbeit auf der Straße, um ihm zu verdeutlichen, wie dringend ich ein Auto brauchte. Nach drei Wochen bekam ich ein Schreiben vom Verkehrsgericht, in dem schwarz auf weiß stand, daß der Antrag auf die Rückerstattung meines Führerscheins bewilligt worden war. Ich war überglücklich und stürzte sofort ans Telefon, um mich bei der Fahrschule anzumelden.

Von Bekannten hatte ich die Adresse eines christlichen Fahrlehrers bekommen, und ich war sicher, daß er für meine Situation Verständnis haben würde. Da ich das Fahren nicht verlernt hatte, war der praktische Teil des Unterrichts nach einer Stunde abgeschlossen. Bei der theoretischen Prüfung fiel ich jedoch zweimal durch. Beim dritten Mal bestand ich schließlich! Ich freute mich wie ein Schneekönig, als man mir endlich den Führerschein überreichte.
Die nächste Frage war nun, wie ich ein Auto finanzieren sollte. Ich hielt es für das Klügste, den Herrn zu fragen. Der Gedanke, einen Kredit aufzunehmen, schied meiner Meinung nach von vorne herein aus, da ich bei allen Banken und Versicherungen auf der schwarzen Liste stand. Bargeld besaß ich auch nicht.
Nachdem ich Gott um Rat gebeten hatte, hatte ich den Ein-

druck, ich solle trotzdem versuchen, einen Kredit zu bekommen. Und ich erlebte ein Wunder! - Obwohl ich kein regelmäßiges Einkommen hatte, räumte mir eine Bank einen Kredit von 25.000 Kronen ein! Für die Tilgung des Kredits blieb mir nichts anderes übrig, als dem Herrn zu vertrauen, und nach zwölf Monaten war das Auto bezahlt!

Obwohl mein Wagen nicht gerade eine Luxus-Limousine war, leistete er mir doch hervorragende Dienste. Ich war unabhängig und konnte nun noch mehr Leute auf der Straße erreichen.

Gleich auf meiner ersten Fahrt geriet ich in eine Polizeikontrolle. Die Beamten durchsuchten das Auto, konnten aber nichts finden. Da ich mit Prostituierten unterwegs war, nahm man an, ich sei wieder unter die Zuhälter gegangen.

Die Beamten notierten sich die Namen der Frauen und nahmen sie einige Stunden später mit ins Präsidium. Beim anschließenden Verhör wurden die Prostituierten gefragt, ob ich tatsächlich einen Schlußstrich unter die Zuhälterei gezogen hätte. Es fiel ihnen schwer zu glauben, daß ich keine Mädchen mehr auf den Strich schickte.

Einige der Mädchen hatten zwar versucht, mich ins Bett zu bekommen oder mich zu ihrem Zuhälter zu machen, doch es war ihnen nicht gelungen. Deshalb konnten sie die Verdächtigungen der Polizei nicht bestätigen. Sie konnten lediglich berichten, daß ich Christ geworden war und ein neues Leben angefangen hatte.

Die Polizei beobachtete mich noch etwa ein halbes Jahr und gab dann schließlich aus Mangel an Beweisen auf. Sie hatten festgestellt, daß ich meinen Glauben nicht als Deckmantel benutzte, sondern ehrlich bemüht war, den Menschen auf der Straße zu helfen.

Auch wegen des Todes meiner zweiten Frau in Bergen war ich in regelmäßigen Abständen überprüft worden. Immer wieder wurden alte Freunde von mir verhört, doch man

konnte mir keine Schuld nachweisen.
Wenn ich von der Polizei kontrolliert wurde, wurden die Beamten gelegentlich von Drogenabhängigen oder Prostituierten beschimpft, die sich auf meine Seite stellten: "Könnt ihr Jan nicht endlich in Ruhe seine Arbeit tun lassen?" Oftmals versammelte sich dabei eine Menge Menschen um mein Auto, und ich ergriff die Gelegenheit beim Schopf und betete für alle Anwesenden.
Mit der Zeit wurden so viele Menschen von neuem geboren, daß unser Rehabilitations-Zentrum aus allen Nähten platzte. Allerdings war die Freude der Mitarbeiter nicht ganz so ungetrübt, denn sie waren diejenigen, die sich um all die Neuankömmlinge kümmern mußten. So kam es anfänglich zu einigen Auseinandersetzungen unter den Helfern. Doch mitten in dieser Situation lernten wir, besser zu organisieren, so daß niemand überlastet war und wir trotzdem so vielen Schützlingen wie möglich helfen konnten, ihr neues Leben in den Griff zu bekommen.

Unter dem Schutz Gottes

Um mir das Geld für meinen Lebensunterhalt und das Benzin zu verdienen, arbeitete ich stundenweise beim Blauen Kreuz. Als einige meiner alten Freunde das erfuhren, kamen sie zu mir und baten mich, ein gutes Wort für sie einzulegen, damit sie beim Blauen Kreuz aufgenommen wurden. Ihr Zustand war mitleiderregend, und es fiel mir schwer, meine persönlichen Gefühle zu unterdrücken und keinen der Bewerber zu bevorzugen. Die Regeln besagten, daß niemand aufgenommen werden durfte, der betrunken war. Und an diese Bedingungen mußte ich mich halten.
Eines Nachts ereignete sich ein besonders dramatischer Zwischenfall. Ein Freund, mit dem ich im Gefängnis gesessen

hatte, versuchte sich durch wilde Drohungen Einlaß beim blauen Kreuz zu verschaffen und schrie, er würde sich die Kehle durchschneiden, wenn wir ihn nicht aufnähmen. Ich ging hinaus, um ihn zu beruhigen und ihm zu erklären, daß ich ihn in dieser Verfassung nicht hereinlassen durfte.
Doch statt Vernunft anzunehmen, zog er eine Flasche aus der Tasche, zerschlug sie am Zaun und rammte sich die Scherben in den Hals. Sofort schoß das Blut aus seinen Adern und spritzte in alle Richtungen, so daß wir einen Notarzt rufen mußten. Während er blutüberströmt am Boden lag, betete ich im Namen Jesu, daß die Blutungen zum Stillstand kommen sollten.
Einen Tag später bekam ich einen Anruf aus dem Krankenhaus und man teilte mir mit, daß mein Freund wohlauf war und entlassen werden konnte. "Wie ist das möglich?" fragte ich.
Der Arzt meinte: "Wir verstehen es selbst nicht. Es scheint beinahe ein Wunder zu sein. Die Schnittwunden sind erstaunlich schnell geheilt, und es war nicht notwendig ihn noch länger hier zu behalten!" Als ich meinen Freund abholte, erzählte ich ihm, daß ich für ihn gebetet hatte. Mein Nebenjob machte es erforderlich, daß ich gelegentlich bis spät in die Nacht hinein arbeitete. Doch selbst wenn dies der Fall war, fuhr ich anschließend noch in die Stadt, um mit Leuten auf der Straße zu sprechen.
Als ich wieder einmal gegen Mitternacht unterwegs war hörte ich plötzlich einen lauten Knall. Als ich Sekunden später zur Besinnung kam, fand ich mich im Straßengraben wieder. Meine Beifahrerin und ich wurden unverzüglich ins Krankenhaus gebracht, doch wie durch ein Wunder hatten wir keinerlei Verletzungen. Gott hatte uns bewahrt!
Wie sich bei der Rekonstruktion herausstellte, war ich schuldlos an diesem Unfall. Als ich ordnungsgemäß bei Grün über eine Kreuzung gefahren war, hatte uns ein Fahrzeug ge-

rammt, dessen Fahrer völlig betrunken war.

Die Tatsache, daß wir unbeschadet davongekommen waren, hinterließ bei meiner Begleiterin einen nachhaltigen Eindruck, und sie vertraute einige Zeit später ihr Leben dem Herrn an, dessen schützende Gegenwart sie erfahren hatte. Heute lebt sie wieder bei ihrer Familie und ist ein völlig neuer Mensch.
Einen Nachteil hatte die Angelegenheit allerdings: Mein Auto hatte Totalschaden! - Nun mußte ich wieder zu Fuß gehen, und ich fragte den Herrn: "Warum mußte ich gerade jetzt mein Auto verlieren, wo ich es doch so dringend für die Straßenarbeit brauche? Wie soll es nun weitergehen?" Doch als ich schließlich betete, um vom Herrn neue Anweisungen zu bekommen, wurde mir sehr schnell klar, was meine nächste Aufgabe sein würde!

Street Aid Bus fährt auf die Straßen Oslos
und lädt die Mädchen für ein Gespräch über Jesus ein.

Gespräch mit Drogenabhängigen
und Prostituierten in den Straßen Oslos

Kapitel 6

New York - eine Stadt mit zwei Gesichtern

Zunächst erschien mir der Gedanke, nach New York zu gehen, äußerst unbehaglich. Und doch war ich mir sicher, daß der Herr versuchte, mich mit dieser Vorstellung vertraut zu machen. Allerdings hatte ich weder Bekannte in der riesigen Stadt noch die Mittel, um eine solche Reise zu finanzieren.

Diese Umstände trieben mich nur noch mehr ins Gebet, und etwa eine Woche später bekam ich eine Zeitschrift in die Hände, die einen Artikel über eine Organisation namens "Teen Challenge" enthielt. Mit wachsendem Interesse las ich von Nicky Cruz, der sich stark für Straßenarbeit engagierte, und von David Wilkerson, dem Gründer und damaligen Leiter von Teen Challenge. Der Bericht brachte mein Innerstes förmlich zum Glühen, und ich bekam ein immenses Verlangen, diese beiden Männer kennenzulernen.

Inzwischen hegte ich keinen Zweifel mehr daran, daß der Herr mich nach New York schicken wollte. Vermutlich sollte ich dort noch intensiver für die Evangelisationsarbeit auf der Straße vorbereitet werden. Weil meine Englischkenntnisse sehr gering waren, bat ich einen Freund, für mich einen Telefonanruf nach Amerika zu erledigen. Er erklärte dem betreffenden Mitarbeiter von Teen Challenge, daß ich in Oslo bereits gewisse Erfahrungen in puncto Straßenarbeit gesammelt hatte und deswegen sehr daran interessiert war, einen Einblick in ihre Arbeit zu bekommen. Dann schilderte er meine finanzielle Lage und erklärte, daß ich weder Kontaktadressen noch eine Wohnmöglichkeit in New York hatte. Bereits eine Woche später erhielt ich einen Brief von David Wilkersons Bruder Don, der mich einlud zu kommen und bei ihnen im Gemeindehaus zu wohnen.

Sofort machte ich mich daran, die notwendigen Reisevorbereitungen zu treffen. Vor allen Dingen brauchte ich ein Visum, um überhaupt einreisen zu können. Ich hatte Bedenken, daß mein Wunsch wegen meiner Vergangenheit abgelehnt werden könnte, stellte den Antrag aber trotzdem und erhielt ohne Schwierigkeiten ein Visum für drei Monate. Nun hatte ich zwar ein Visum, doch die Reisekosten waren deshalb noch nicht gedeckt. Außerdem mußte ich dafür sorgen, daß für die Zeit meiner Abwesenheit die Miete bezahlt wurde.

In dieser Situation konnte ich die befreiende Erfahrung machen, daß Gott sich auch um die materiellen Faktoren kümmerte, die zur Erfüllung seines Plans erforderlich waren. So bekam ich ganz überraschend einen größeren Geldbetrag geschenkt, mit dem ich das Ticket bezahlen konnte. Und auch Arne Bakken, der mich zum Flughafen brachte, drückte mir zum Abschied ein paar Dollars in die Hand.

Als ich an Bord ging, wurde mir ein Platz Erster Klasse in der zweiten Etage zugewiesen, weil die Touristenklasse besetzt war. So hatte ich eine äußerst komfortable Sitzgelegenheit, obwohl ich nur ein Ticket für die Touristenklasse besaß. Ich genoß dieses Geschenk Gottes voller Dankbarkeit!

Nach der Landung in New York mußten wir durch die Paßkontrolle. Als mich der Beamte nach den Gründen für meine Einreise fragte, erzählte ich ihm von meinen Plänen, bei Teen Challenge mehr über die Arbeit mit Menschen auf der Straße zu lernen. Ich traute meinen Augen kaum, als ich entdeckte, daß dem Mann Tränen in den Augen standen.

Als er meinen erstaunten Blick bemerkte, erklärte er mir, daß er selbst Christ sei. Er war so begeistert, daß er mir am liebsten gleich an Ort und Stelle die Hände aufgelegt hätte, um für mich zu beten. Wegen der anstehenden Menschenmenge legte er mir jedoch nur kurz die Hände auf die Schultern und sagte: "God bless you!" Dann gab er mir meine Papiere zurück, und ich ging hinaus in die Flughafenhalle. Da stand ich nun, mutterseelenallein in einer wildfremden Stadt mit einer Handvoll Dollars in der Tasche. Doch ich wußte, mit wem ich im Bunde stand, und verließ mich auf den, der mich gesandt hatte!

New York, New York!

Obwohl ich eine kleine Karte in der Tasche hatte, auf der der Name eines Mädchens aus Puerto Rico notiert war, war mir rätselhaft, wie ich sie unter den Tausenden von Menschen erkennen sollte, die auf dem Kennedy-Flughafen an mir vorbeieilten.
Während ich mit dem Gedanken spielte, sie über den Lautsprecher ausrufen zu lassen, entdeckte ich am Informationsschalter ein Mädchen, das ebenfalls einen kleinen Zettel in der Hand hielt. Ich beugte mich diskret über ihre Schulter und las: "Jan Eriksen". In meinem besten Seemanns-Englisch mit unüberhörbar norwegischem Akzent begrüßte ich die junge Frau und stellte mich ihr vor.
Wir fuhren in ihrem Wagen zur Clinton Avenue in Brooklyn. Hier im Hauptsitz von Teen Challenge sollte ich für die nächste Zeit wohnen.
Während der Fahrt erlebte ich ein weiteres Wunder! Ich hatte bisher zwar in vierzehn verschiedenen Sprachen fluchen gelernt, doch damit waren meine Fremdsprachenkenntnisse erschöpft. Nun stellte ich plötzlich fest, daß sich

mein englischer Wortschatz auf übernatürliche Weise ständig erweiterte, während ich mich mit dem Mädchen zu unterhalten versuchte. Als wir schließlich das Teen Challenge-Gebäude erreicht hatten, konnte ich fließend englisch!
In der folgenden Zeit wohnte ich mit den Jungs zusammen, die aus den Slums von New York kamen. Es waren etwa 20 junge Männer, die mich zunächst abschätzend musterten. Die Atmosphäre entspannte sich erst, als die Puertoricanerin mich ihnen vorstellte und erklärte, daß ich aus Norwegen käme und Christ sei. Später erfuhr ich, daß die Jungs felsenfest davon überzeugt gewesen waren, Norwegen sei eine Stadt in Amerika. Meine Mitbewohner waren harte Burschen, und ich war nicht unbedingt unglücklich darüber, ein eigenes Zimmer auf dem Dachboden zu bekommen.
Nach und nach lernte ich die verschiedenen Aktivitäten der Gemeinde kennen. Menschliche Wracks aus den übelsten Gegenden der Stadt, vom Heroin gezeichnet, fanden hier eine Anlaufstelle. Manchmal wurde mitten in der Nacht die Tür eingetreten, und ein schweißgebadeter Mainliner stand im Raum, den die qualvollen Entzugserscheinungen hierher getrieben hatten.
Im Gebäude gab es sogar ein kleines Lager, in dem die Waffen und die Munition aufbewahrt wurden, die die Jungs aus den Slums mitgebracht hatten. Viele von ihnen waren Gewaltverbrecher gewesen, die aus den verrufendsten Teilen New Yorks gekommen waren. Für sie war Teen Challenge oftmals der rettende Strohhalm, an den sie sich verzweifelt klammerten. Hier konnten sie endlich ein neues Leben beginnen.
Die Gemeinde selbst befand sich mitten in einem berüchtigten Viertel von New York. Direkt vor der Haustür wurde Heroin, Kokain, Haschisch und Diebesgut verkauft, und nicht selten stieg uns während der morgendlichen Gebets-

zeit der Geruch von Marihuana in die Nase, wenn ein Fenster offen war. Für die Jungs war es eine harte Prüfung, mitansehen zu müssen, wie in ihrer unmittelbaren Nähe der Drogenhandel florierte. Manche konnten der Versuchung nicht standhalten und wurden rückfällig. Es ging wirklich um Leben und Tod! Doch es gab auch viele, die durchhielten, und sie dienen heute noch mit aller Kraft dem Herrn!

Hinter den Kulissen der Millionenstadt

Nachdem ich zwei Wochen lang miterlebt hatte, wie bei Teen Challenge Hilfesuchende aufgenommen wurden, hatte ich das Gefühl, ich sollte nun auf die Straße gehen, um den Menschen dort von Jesus zu erzählen und für sie zu beten. Die Mitarbeiter des Teams rieten mir jedoch davon ab, allein in gefährliche Stadtviertel zu gehen oder mit der U-Bahn zu fahren. Bis dahin hatte mich stets jemand in die Stadt begleitet - selbst wenn ich nur etwas einkaufen wollte! Doch ich hatte schon früher keine Angst gehabt, und da mein Leben jetzt in Gottes Hand lag, hatte ich umso mehr die Gewißheit, daß mir nichts zustoßen würde. Ich wollte endlich allein auf die Straße gehen, um dort zu erleben, wie der Herr der Not der Menschen begegnet!
Mit einem Stapel Traktate unter dem Arm fuhr ich mit der U-Bahn direkt ins Zentrum. Wie man mir gesagt hatte, war das Gebiet um die 42nd Street, Ecke 8th Avenue in Manhattan, ganz in der Nähe des Times Square, eines der schlimmsten in der ganzen Stadt.
Als ich dort ankam, dachte ich, ich sei mitten in der Hölle gelandet. Obwohl ich selbst kein unbeschriebenes Blatt war, übertraf dieser Anblick meine schlimmsten Erwartungen. Während ich durch die Straßen ging, betete ich leise, Gott möge mich zu Leuten führen, denen ich von Jesus erzählen

konnte. Dann verteilte ich meine Traktate an all die Drogenabhängigen, Homosexuellen und Gewaltverbrecher, die mir unterwegs begegneten. Auch in unzählige Sex-Shops und Porno-Kinos ging ich hinein, um den jungen Mädchen, die bereits auf den Strich gingen, ein Flugblatt zu geben. Und plötzlich wurde ich mitten in dieser trostlosen Atmosphäre von einer unvorstellbaren Freude erfüllt! Ich war im Namen Gottes unterwegs, um Ihm zu dienen, und ich wußte ohne jeden Zweifel, daß ich genau am richtigen Ort war.
Als ich spät in der Nacht zu Teen Challenge zurückkehrte, wollte man dort gerade die Polizei verständigen, um nach mir suchen zu lassen. Ich berichtete, wo ich gewesen war, und sie sagten: "Mann, du spinnst ja!" Trotzdem war dieser Tag zu einem Schlüsselerlebnis für mich geworden: Ich war mehr denn je davon überzeugt, daß ich dazu bestimmt war, das Evangelium auf die Straßen hinauszutragen!

Gott bestätigt meinen Dienst

Einer der Treffpunkte, der von Teen Challenge ins Leben gerufen worden war, war eine Teestube. Als wir dort eines Tages den Herrn priesen, war mir, als ob ein unsichtbarer Mantel um mich gelegt worden wäre.
Der Herr war so nah, daß wir Seine Gegenwart förmlich spüren konnten. Dann hatte ich eine Sprachenrede, die ich selbst auslegte: "Du bist aus einem ganz bestimmten Grund hier. Ich will dich dafür salben, und Ich werde dich beschützen. Fürchte dich niemals, ganz gleich an welchen Ort Ich dich auch senden werde!"
Die anderen standen nur reglos da und starrten mich an. Später erfuhr ich, daß sie ein Licht über mir gesehen hatten, während ich die Botschaft Gottes empfangen hatte.
Diese Worte des Herrn brannten wie ein unauslöschliches

Feuer in meinem Herzen. Sie waren die Bestätigung für mein bisheriges Handeln. Ich hatte das Gefühl, ich sei - bildlich gesprochen - wie durch ein Tor endlich in den Plan Gottes eingetreten.
Am nächsten Abend ging ich wie gewöhnlich durch die Straßen von Chinatown, um für die Prostituierten zu beten. Doch dieses Mal erschien mir meine Arbeit viel schwieriger als zuvor. Zunächst verstand ich nicht, was der Grund dafür war. Dann kam mir jedoch der Gedanke, daß mich der Teufel - ebenso wie er es damals bei Jesus in der Wüste getan hatte - in Versuchung führen wollte.
"Fröne doch wieder einmal den Genüssen des Lebens - ein bißchen Sex, ein kleines High! Keine Menschenseele in Norwegen wird ein Sterbenswörtchen davon erfahren. Immerhin liegen zwischen dir und deiner Heimat acht Flugstunden!"
Mehrere Tage lang versuchte mich der Teufel durch diese Einflüsterungen vom rechten Weg abzubringen. Einmal war die Versuchung so stark, daß mir die Knie zitterten. Es gelang mir gerade noch, mich in die nächste U-Bahn zu setzen und zu Teen Challenge zurückzufahren.
Ich schrie innerlich zu Gott: "Herr, hilf mir! Ich will keinen Fehler machen." In diesem Augenblick wurde ich mit übernatürlicher Kraft erfüllt.
Dann sprach Er zu mir: "Geh dorthin zurück, wo du hergekommen bist!" Und als ich im Vertrauen auf Seine Worte zurückging, war ich völlig frei von diesen Angriffen. Während meines Aufenthalts in den Ghettos von New York hatte ich wertvolle Erfahrungen gesammelt. Ich suchte alle möglichen Stadtteile auf und erzählte dort von Jesus Christus. Überall stieß ich auf Menschen, die offen für meine Botschaft waren. Gott brachte mich in Kontakt mit den skrupellosesten Kriminellen, damit ich für sie beten konnte.
Manchmal fühlte ich mich, als ob ich mitten in einen ame-

rikanischen Actionfilm versetzt worden wäre. Riesige offene Lastwagen und Polizei-Autos, in denen bewaffnete Sicherheitskräfte saßen, patrouillierten in Schrittgeschwindigkeit durch die Straßen.
In jenem Sommer hatte ich die Gelegenheit, an einem Einsatz teilzunehmen, den Teen Challenge einmal pro Jahr veranstaltete. David Wilkerson, Nicky Cruz und Cookie Rodrigues waren die Prediger bei diesem Einsatz.
Nach einiger Zeit wurde ich zum Leiter eines Straßen-Teams gewählt, das etwa 300 Jugendliche zählte. Einem Mann namens Joe und mir wurde die Aufgabe übertragen, die U-Bahn-Marken für alle Teilnehmer zu besorgen.
Jeder sollte 40 bis 50 Marken im Wert von je einem Dollar erhalten. Wenn man bedenkt, daß hier schon manch einer wegen ein paar lächerlicher Dollars umgebracht worden war, war unser Auftrag nicht ungefährlich. Deshalb sollte Joe die Geldtasche tragen, während ich mit einem Schlagstock bewaffnet hinter ihm herging. Die Bedingungen, unter denen wir hier arbeiten mußten, waren mit den Verhältnissen in Norwegen nicht zu vergleichen!
Als Joe und ich das Hotel betraten, in dem David Wilkerson wohnte, stießen wir auf einen völlig entsetzten Portier. Er beruhigte sich erst wieder, als wir ihm erklärten, daß wir lediglich die Münzen abliefern wollten.
Außerdem mußte ich verschiedenen Gästen Geleitschutz geben, die zu Veranstaltungen von Teen Challenge eingeladen worden waren. Für diejenigen, die nicht wußten, daß man in den Slums schon umgebracht werden konnte, wenn man gut gekleidet war und einen Ring am Finger trug, war die Vorstellung, ständig von einem Bodyguard umgeben zu sein, vielleicht belustigend. Doch man konnte sich in diesen Straßen wirklich nur dann sicher fühlen, wenn man sich der Gegenwart Gottes bewußt war!
Die meisten von uns kennen nur das Bild von New York, das

von den Medien geprägt wurde: New York, die verheißungsvolle Glitzer-Metropole mit den exklusiven Einkaufsstraßen! Die andere Seite dieser Millionenstadt dagegen wird totgeschwiegen. Sie ist nicht dazu geeignet, vermarktet zu werden.

Als ich sah, wie die sogenannte High Society in ihren Luxus-Limousinen ebenso selbstgefällig wie gleichgültig an den Junkies und Pennern vorbeifuhr, erkannte ich auf drastische Weise, daß das glamouröse Image New Yorks nur eine billige Fassade war.

Eines Tages ging ich in einem Park in Manhattan spazieren, in dem sich vorwiegend Schwarze aufhielten. Dort kam ich mit einer jungen Mutter ins Gespräch. Als ich mich ihr vorgestellt hatte, bat sie mich, für ihr Baby zu beten. Als ich danach meine Augen wieder öffnete, sah ich mich plötzlich von einer Meute schwarzer Jugendlicher umringt, die mit Baseball-Schlägern bewaffnet waren. Obwohl sie mir offensichtlich nicht wohlgesonnen waren, kam es merkwürdigerweise doch nicht zu einer Prügelei. Und ich wurde mir aufs neue bewußt, daß der Herr Seine schützende Hand über mich hielt!

Später erfuhr ich, daß dieser Park früher der Treffpunkt von Vietnamsoldaten gewesen war; heute war er als Hauptumschlagplatz für Heroin bekannt. Hier war es so gefährlich, daß selbst die Polizisten die Gegend nur mit einem Aufgebot von mindestens sechs Personen durchstreiften!

Von jenem Zeitpunkt an war ich täglich in diesem Park anzutreffen. Er wurde gewissermaßen zum Dreh- und Angelpunkt meiner Arbeit in New York, denn ich verbrachte unzählige Stunden damit, hier das Wort Gottes zu verkünden.

Eines Tages machten wir Hausbesuche im Ghetto. Vor einer der Türen saßen einige Schwarze. Einer von ihnen hielt eine Eisenstange in der Hand.

Als ich anfing für sie zu beten, rief er provokativ: "Hey

Mann, warum war Jesus weiß und nicht schwarz?" Bei diesen Worten stand er auf und holte langsam mit der Stange aus, um sie mir über den Schädel zu schlagen.
Ich sah ihm direkt in die Augen und sagte: "Hey, ob du mich umbringst oder nicht, eines wirst du niemals ändern: Ich liebe dich, und Jesus liebt dich auch!" Daraufhin ließ er betroffen die Stange sinken. Jeglicher Haß war aus seinen Augen gewichen, und ich konnte ihm von Jesus erzählen.
Ein anderes Mal entdeckten wir, daß unser Auto aufgebrochen und die Batterie gestohlen worden war, als wir von der Teestube nach Hause fahren wollten. (In dieser Gegend wurde alles gestohlen, was man auf irgendeine Weise zu Geld machen konnte. Mit einer Batterie beispielsweise konnte sich ein Süchtiger seinen nächsten "Schuß" finanzieren!)
Meine Freunde beschlossen Hilfe zu holen, während ich beim Auto bleiben sollte um aufzupassen. Ich erklärte mich damit einverstanden, obwohl ich wußte, daß sich kein vernünftig denkender Weißer allein hierher wagen würde.
Es waren noch keine fünf Minuten vergangen, da sah ich plötzlich aus dem Dunkeln mehrere Gestalten auf mich zukommen. Ich wußte sofort, was das bedeutete: Ich war in Lebensgefahr! In dieser Situation konnte ich nichts weiter tun, als mich auf den Herrn zu verlassen. Und Gott wendete die anfänglich aussichtslos erscheinende Situation tatsächlich zu meinen Gunsten. Ich konnte für diese Männer beten und ihnen von Jesus Christus erzählen, so daß wir schließlich mitten im Ghetto anfingen, Gott zu preisen!
Langsam rückte der Termin meiner Abreise näher, und ich konnte mit der Gewißheit nach Oslo zurückkehren, daß Gott mich während meines erlebnisreichen Aufenthalts in den Vereinigten Staaten in meinem Ruf bestätigt hatte!

Kapitel 7

Ein Traum wird wahr

Kurz nach meiner Rückkehr besuchte ich einen Gottesdienst in Oslo, bei dem ich Arne Bakken wiedersah. Als ich ihm begeistert von meinen aufregenden Abenteuern in New York berichtete, riet er mir, verantwortungsbewußt und klug mit den Dingen umzugehen, die Gott mir anvertraut hatte. Dann berieten wir uns, wie wir die Straßenarbeit in Oslo fortführen konnten.

Der Aufenthalt in New York hatte mich meinen letzten Pfennig gekostet, so daß ich nun wieder am selben Ausgangspunkt war wie vor meiner Abreise: Ich war pleite und hatte kein Auto! - Bei einem Gebetstreffen im Hermon Hoyfjell-Center fragten einige Freunde und ich den Herrn, welche Aufgaben Er in der näheren Zukunft für uns hatte. Gott zeigte einem der anwesenden Geschäftsmänner, daß ich bald ein neues Auto bekommen würde, mit dem ich die Straßenarbeit wieder aufnehmen könnte. Bei einer Geldsammlung kamen 50.000 Kronen zusammen, die in ein amerikanisches Wohnmobil investiert wurden. Dieses geräumige Fahrzeug ermöglichte es mir, ungestört mit mehreren Leuten zu sprechen, wenn es draußen zu kalt war.

Auf die Außenseite des Autos hatte ich mit reflektierender Farbe, wie sie bei Polizei und Feuerwehr benutzt wird, einen Schriftzug anbringen lassen, der die Öffentlichkeit auf uns aufmerksam machen sollte: *"Jesus hat uns geholfen - Er kann auch DIR helfen!"* Auf diese Weise waren wir bald in der ganzen Stadt bekannt.

Als wir eines Nachts zum ersten Mal mit unserem neuen Wohnmobil in die Innenstadt fuhren, waren wir nach kurzer Zeit von einer kleinen neugierigen Menschenmenge umringt. Es gelang uns sehr schnell, das Vertrauen unserer Besucher zu gewinnen, sodaß uns die meisten erlaubten, für sie zu beten und ihnen von Jesus zu erzählen.
Nach einiger Zeit nannte man mich den "Jesus auf Rädern", und mein Wohnmobil wurde zu einer Oase des Friedens für Drogenabhängige und Prostituierte. Sie waren dankbar, daß sie sich bei uns ausruhen und mit uns sprechen konnten. Viele nahmen Jesus in ihr Leben auf und wurden von den verschiedensten Krankheiten geheilt, nachdem für sie gebetet worden war. An manchen Abenden standen die Menschen vor unserem Wagen Schlange, um mit uns zu reden.
Doch nicht nur für die Süchtigen und Prostituierten wurde das Wohnmobil ein Segen, sondern auch für mich selbst. Da ich zu jener Zeit keine Unterkunft hatte, besorgte ich mir einige Decken und Kissen, damit ich im Auto übernachten konnte. Wenn die Straßen gegen drei oder vier Uhr morgens wie leergefegt waren, suchte ich mir ein ruhiges Plätzchen, wo ich einige Stunden schlafen konnte. Sobald die Geschäfte dann wieder öffneten und die Stadt zum Leben erwachte, frühstückte ich in einem Cafe. Obwohl ich in materieller Hinsicht keine großen Sprünge machen konnte, war ich durch den Segen Gottes in meiner Seele völlig gesättigt, weil mein Dasein endlich einen Sinn bekommen hatte. Nichts ahnend war ich durch den Schloßpark spaziert, als ich plötzlich spürte, wie sich eine Messerspitze in meinen Hals bohrte. Mein einziger Gedanke war: Jesus, hilf mir!
In diesem Augenblick löste der Mann, der mich von hinten überfallen hatte, abrupt seine Umklammerung und ergriff panisch die Flucht. Als ich mich umdrehte, erkannte ich gerade noch, wer er war. Als ich ihm später wieder begegnete, fragte ich ihn: "Was machst du nur für einen Blödsinn?"

Er erklärte mir verlegen, daß er mich eigentlich umbringen wollte, doch "irgend etwas" habe ihn daran gehindert. Als ich ihm sagte, daß Gott ihn davon abgehalten hatte, war er bereit, mit mir über Jesus zu sprechen.
Einige Wochen nach diesem Erlebnis nahm ich die Gefängnisarbeit wieder auf, und viele Häftlinge wurden von neuem geboren. In den kommenden Jahren führten wir regelmäßig Gottesdienste im Gefängnis durch, und schließlich konnten wir einige Insassen in das Rehabilitations-Zentrum aufnehmen.
Der Kampf ums Überleben im Untergrund-Milieu wurde zunehmend härter, und die Drogensucht forderte mehr Todesopfer denn je. Für uns bedeutete dies, daß wir rund um die Uhr im Einsatz waren. Um unsere Ausrüstung effektiver zu machen, bauten wir eine Lautsprecheranlage mit Mikrofon in das Wohnmobil ein. Außerdem wurde ich nun von einem ehemaligen Drogenabhängigen und einer Ex-Prostituierten, die beide Jesus angenommen hatten, ständig im Wagen begleitet. Gemeinsam fuhren wir in den Sperrbezirk, um dort auf den Straßen vom Auto aus Gottesdienste zu halten. Auf diese Weise durchkämmten wir die gesamte Stadt.

Einsatz in New York

Als der Frühling zu Ende ging, erhielt ich eine Nachricht von Teen Challenge. Man bat mich, einen Evangelisations-Einsatz in New York zu leiten, den David Wilkerson organisieren würde. Ich wußte, daß ich ihrer Bitte entsprechen sollte. So flog ich ein zweites Mal nach New York und verbrachte den ganzen Sommer dort.
Dieses Mal mußte ich mir jedoch ein Zimmer in einem Hotel in Manhattan nehmen, das vorwiegend von Prostituierten in Anspruch genommen wurde. Ich wußte sofort, daß ich die-

sen Umstand nicht dem Zufall zuzuschreiben hatte. Mir wurde erneut bewußt, daß ich dafür bestimmt war, in der düsteren Welt der Drogen und der Prostitution auf das Licht des Evangeliums hinzuweisen. Erst nach einigen Tagen fand sich dann eine andere Unterkunft für mich.

Bei diesem zweiten Aufenthalt in New York ging ich nicht mehr allein durch die Straßen und in die Ghettos, um Gottes Wort zu verkünden. Nun leitete ich ein ganzes Team. Während wir uns eines Tages im berühmten Central Park aufhielten, bekam ich plötzlich Schmerzen in der Brust, die so stark waren, daß ich mich auf den Boden legen mußte. Nur mit großer Mühe konnte ich mich schließlich nach Hause schleppen. Als ich wieder einigermaßen klar im Kopf war, dämmerte mir, daß der Feind versuchte, meine Arbeit für das Reich Gottes durch diesen Angriff zu boykottieren. Mit letzter Kraft widerstand ich ihm und predigte einen Monat lang unter schier unerträglichen Schmerzen das Wort Gottes. Ich glaubte fest daran, daß der Herr mich geheilt hatte, und tatsächlich war ich nach vier weiteren Wochen wieder völlig gesund.

Während dieser Tage wuchs in mir das Verlangen, solche Einsätze auch in Skandinavien durchzuführen. Ich betete, und der Herr versicherte mir, daß Er mir diesen Wunsch erfüllen würde. In absehbarer Zeit würden wir Sein Wirken in demselben Maß in Norwegen und auch in anderen Ländern Europas erleben.

Die zweite Reise in die USA war eine große Ermutigung für mich. Ich wußte, daß auch für die Christen in Norwegen die Zeit gekommen war, ernsthaft und mit vollem Einsatz ans Werk zu gehen.

Allerdings wurde meine Berufung noch einmal auf eine harte Probe gestellt. Nachdem ich eine Zeitlang bei Teen Challenge mitgearbeitet hatte, bot man mir dort eine feste Stellung an. Ich sollte die Leitung der gesamten Straßenarbeit

und der Teestube übernehmen.
Dieses Angebot war unwahrscheinlich verlockend für mich, da ich wußte, welche weitreichenden Auswirkungen dieser Dienst hatte. Hinter dem Oberbegriff "Teen Challenge" verbargen sich nicht nur mehrere große Rehabilitations-Zentren, in denen jeweils bis zu 150 ehemalige Drogensüchtige betreut wurden, er stand auch stellvertretend für weltweite Evangelisations-Projekte.
Obwohl man mir ein gutes Gehalt, eine Wohnung und einen Wagen zusagte, konnte ich diese Stelle nicht annehmen. Ich mußte dem Drang in meinem Herzen folgen: Der Herr hatte mir einen Evangelisations-Auftrag für Norwegen und Europa gegeben!

Eine Vision für Europa

Wie bei einem Puzzle-Spiel vervollständigte der Herr Stück für Stück meine Perspektive für die zukünftigen Einsätze in Norwegen und Europa. Mein nächstes Ziel war, Gemeinden zu finden, die bereit waren, eine Straßenarbeit zu beginnen. Ich reiste durch Istedgade, Halmtorget und Vesterbro und war ständig im Gebet. Schließlich fuhr ich zurück nach Oslo, um dort meine Arbeit fortzusetzen. Inzwischen war mir immer deutlicher geworden, daß Gott meinen Dienst auf ganz Skandinavien ausdehnen wollte.

Strategische Team-Arbeit

Da in der darauffolgenden Phase meine Zielgruppe die Drogenabhängigen waren, versuchte ich mein Glück unter anderem auch als Leiter eines Rehabilitations-Zentrums. Doch ich mußte sehr schnell feststellen, daß ich dafür nicht geeignet war. Mein Element war nach wie vor die Straße!

Also setzte ich mich mit einer Bibelschule in Verbindung, um ein Team zusammenzustellen, das mit mir auf die Straße gehen sollte. Leider wurden meine Erwartungen enttäuscht, denn die Jugendlichen hatten keinerlei Erfahrung auf diesem Gebiet und konnten die erforderlichen Voraussetzungen nicht erfüllen. Trotz dieses mißglückten ersten Versuchs ließ mich der Gedanke, eine Teamarbeit zu organisieren, nicht mehr los!
In jenem Jahr erfuhren Arne Bakken und ich im Rahmen einer Konferenz, die von Teen Challenge in Holland veranstaltet wurde, von Stadtteilen nord- und mitteleuropäischer Metropolen, die den Slums von New York in nichts nachstanden. Die "Redlight-Zone" von Amsterdam beispielsweise war eine regelrechte Hochburg des Drogenhandels und der Prostitution. Schwarze wie Weiße waren hier in die Fänge der Rauschgiftabhängigkeit geraten.
Wir sahen das Elend, das dort herrschte, und konnten den Anblick lange nicht vergessen. Selbst als wir wieder zu Hause waren, lag das Schicksal dieser Menschen immer noch wie eine schwere Last auf uns, und wir wußten, daß dies nicht unser letzter Besuch in Amsterdam gewesen war.

Das überraschende Ende einer Europareise

Während ich in Oslo alle Hände voll zu tun hatte, gingen mir die Worte nicht mehr aus dem Sinn, die Gott in New York zu mir gesprochen hatte. Jede Minute des Tages standen sie mir vor Augen. Die Vision, Straßen-Teams zusammenzustellen, die ganz Europa mit dem Evangelium erreichen sollten, ließ mich nicht mehr los!
Dann beschloß ich mit dem Wohnmobil durch Europa zu fahren, aber die Reise verlief irgendwie sehr enttäuschend, und ich hatte das Gefühl, die ganze Tour sei umsonst gewe-

sen. So nahm ich mir vor, auf dem Rückweg wenigstens über Amsterdam zu fahren. Auf der Fahrt dorthin mischte sich plötzlich ein Lied mit etwa folgendem Wortlaut in meine Gedanken: "Nun endlich kommst du in die Stadt, die einen Sommer lang auf dich gewartet hat!" Es war offensichtlich Gottes Wille, mich auf dieser Reise nach Amsterdam zu führen.

Ich kam im Morgengrauen an, nachdem ich die ganze Nacht ohne Pause durchgefahren war. Ich suchte mir einen Campingplatz im Randgebiet und fuhr anschließend mit dem Bus in die "Redlight-Zone" in der Innenstadt. Endlich war ich wieder von dem wohl vertrauten göttlichen Frieden erfüllt, der sich einstellt, wenn man sich im vollkommenen Willen Gottes befindet.

Neue Möglichkeiten

Ich blieb, wie geplant, zwei Wochen in Amsterdam. Die meiste Zeit verbrachte ich damit, betend durch die Straßen zu gehen. Mit den Jahren habe ich die Erfahrung gemacht, daß ich durch eine Art inneres Radarsystem in jeder Stadt der Welt stets die Viertel finde, in denen sich die Drogensüchtigen und Prostituierten aufhalten. Auch dieses Mal stieß ich erstaunlich schnell auf den harten Kern der "Redlight-Zone". In diesem Teil von Amsterdam wurden die Leute von der Polizei selten festgenommen, sie wurden lediglich auseinandergetrieben. Und so kam es häufig vor, daß auch ich weggejagt wurde.

Mit der Zeit war ich in der Gegend bekannt, und nach etwa einer Woche fragte man mich immer häufiger, ob ich Stoff kaufen wollte. Ich zeigte dem Betreffenden dann meistens meine Bibel und crklärte ihm, daß ich aus Norwegen gekommen war und durch die Straßen zog, um Menschen für

Christus zu gewinnen. Und sie akzeptierten mich.
Mitten in der "Redlight-Zone" entdeckte ich eines Tages ein Fitness-Studio. Als ich neugierig davor stehen blieb, bemerkte ich, wie der Herr mich drängte hineinzugehen, weil Er mir eine neue Tür öffnen wollte. Nachdem ich mich dort zum Training angemeldet hatte, stellte ich fest, daß alle Kunden dieses Studios Zuhälter und Prostituierte waren.
Nach einer der Übungsstunden kam ich im Duschraum mit dem Besitzer des Studios ins Gespäch. Ich fragte ihn, ob er mir eventuell eine Wohnung in der Umgebung vermitteln könne. Und zu meiner Überraschung wußte er von einem Appartment direkt über dem Studio, von dem man einen Blick über das ganze Viertel hatte.
Mein Herz schlug höher. War das die neue Tür, von der Gott gesprochen hatte? Nachdem wir uns umgezogen hatten, führte er mich nach oben, um mir die Wohnung zu zeigen. Sie gefiel mir auf Anhieb, und auch die Miete war akzeptabel. Ich bezahlte im voraus und zog sofort ein. Gott hatte mir eine Basis geschaffen, die strategisch hervorragend dazu geeignet war, neue Kontakte herzustellen. Jedesmal, wenn ich im Studio trainierte, konnte ich den Zuhältern und Prostituierten von Jesus erzählen, und nach einiger Zeit hatte ich mit vielen von ihnen Freundschaft geschlossen.

Die Vision brennt in meinem Herzen!

Zwei Wochen nach meinem Einzug in die neue Wohnung fuhr ich zurück nach Oslo, um die Straßenarbeit dort nicht zu vernachlässigen. Außerdem reiste ich in den kommenden Monaten mehrmals nach Amsterdam. Ich hatte bis dahin immer noch kein festes Einkommen und konnte deshalb nur dann reisen, wenn meine finanziellen Mittel es erlaubten. Gegen Ende des Jahres lernte ich in Kopenhagen einige

Christen kennen, die mitten in Vesterbro ein Cafe hatten und Straßeneinsätze durchführten. Gemeinsam überlegten wir uns einen Plan zur optimalen Zusammenarbeit.
Einige Monate später reiste ich mit einer Gruppe von zehn Leuten erneut nach Kopenhagen, und wir machten uns daran, unsere Idee in die Tat umzusetzen.
An den ersten drei Tagen richteten wir unser Augenmerk auf Vesterbro und Halmtorget. An allen Ecken und Enden stießen wir hier auf Sex-Shops, Prostituierte und Drogensüchtige.
Wie üblich begannen wir unseren Einsatz mit Gebet, denn ich hatte eines gelernt: Gebet setzt die Kraft und die Segnungen Gottes frei! - Wir selbst besitzen keinerlei übernatürliche Kräfte oder Fähigkeiten!
In den zehn Tagen wurden viele Menschen von neuem geboren und konnten ein neues Leben anfangen. Als wir anschließend wieder nach Hause fuhren, wußten wir in unserem Herzen, daß unsere Zusammenarbeit mit den Christen aus Vesterbro keine einmalige Unternehmung gewesen war. Auf den Impuls des Herrn hin war eine neue, dauerhafte Team-Arbeit entstanden!

Wunder auf der Straße

Als wir kurz danach wieder in Kopenhagen waren, spürten wir eine stärkere Salbung Gottes auf uns als je zuvor.
Genau zu diesem Zeitpunkt wurde in verschiedenen Zeitungen vor dem Kauf von "Todes-Heroin" gewarnt, das angeblich im Umlauf war. Dieses Heroin war außergewöhnlich rein, so daß sich viele nichtsahnend eine zu hohe Dosis injizierten und starben. In Halmtorget war die Ambulanz ständig im Einsatz, denn jeden Tag setzte sich mindestens ein Süchtiger den "Goldenen Schuß".

Auch wir wurden eines Tages mit diesem Problem konfrontiert. Nachdem ich beim Team-Gespräch am Morgen die Mitarbeiter ermutigt hatte, für Kranke zu beten, gingen wir wie üblich hinaus auf die Straße. Wir waren kaum in der Stadt angelangt, als plötzlich ein drogenabhängiges Mädchen vor unseren Augen zusammenbrach.

In dem Augenblick, als der Krankenwagen ankam, beugte sich eine unserer Mitarbeiterinnen über sie und sagte: "Tod, ich breche deine Macht im Namen Jesus!" In der nächsten Sekunde sprang das Mädchen, das eben noch am Boden gelegen hatte, auf und schaute verwirrt um sich. Die anwesenden Polizisten trauten ihren Augen nicht, und auch die Sanitäter, die Spritzen und Medikamente bereithielten, konnten nicht fassen, was geschehen war.

Das drogenabhängige Mädchen reagierte mit kindlicher Spontaneität. Es ging auf die Mitarbeiterin zu, die für sie gebetet hatte, und umarmte sie dankbar. Wir trafen dieses Mädchen später noch des öfteren wieder. Gott hatte ihr in letzter Sekunde das Leben gerettet, und ich bin sicher, daß sie dieses Erlebnis nie mehr vergessen wird!

Durch solche Erweisungen der Kraft Gottes wurde auch unser persönlicher Glaube sehr gestärkt. Wir waren für jede Ermutigung dankbar, denn wir arbeiteten Tag und Nacht, damit so vielen Menschen wie möglich geholfen wurde.

Eines Abends bat mich ein junger Mann aus unserem Team um Unterstützung. Ich begleitete ihn in eine Seitenstraße, wo sich uns ein erschreckender Anblick bot. Eine blutüberströmte Prostituierte lehnte an einer Hauswand und konnte sich nur noch mit letzter Kraft auf den Beinen halten. Offensichtlich war sie im Gesicht und am Unterleib verletzt worden. Als ich sie fragte, was geschehen war, antwortete sie, ihr Zuhälter habe sie zusammengeschlagen, weil sie schwanger war.

In diesem Augenblick sprach der Herr zu mir, ich solle

meine Hände auf den Bauch der Frau legen und für sie beten. Kaum war ich Seinen Anweisungen gefolgt, wurden wir plötzlich von der Polizei mit grellen Scheinwerfern angestrahlt. Ich ließ mich dadurch nicht stören und betete einfach weiter für die junge Frau. Inzwischen hatte sich eine kleine Menschenmenge um uns versammelt, die uns neugierig beobachtete.
Nachdem ich mein Gebet beendet hatte, wurde die Frau ins Krankenhaus eingeliefert. Wie wir später erfuhren, war das Baby wie durch ein Wunder unverletzt geblieben. Unser Gebet war erhört worden!
Als wir an jenem Abend wieder nach Hause fuhren, war das gesamte Team begeistert über die Wunder, die Gott getan hatte.

Ziel: Amsterdam

Mein nächster Schritt war, mit Arne Bakken nach Amsterdam zu fahren, um dort ein Team für die "Redlight-Zone" zusammenzustellen. Wir hatten uns fest vorgenommen, diesen Bezirk in Angriff zu nehmen und für Jesus zu gewinnen. Ein großes schwarzes Gebäude in jenem Viertel war uns schon seit langem besonders aufgefallen. Es stellte sich bald heraus, daß es sich um eine Satanskirche handelte, in der Satanspriester aus ganz Europa ausgebildet wurden.
Der oberste Priester dieser Kirche begegnete uns eines Tages auf der Straße. Er hatte schulterlanges, silbergraues Haar, trug einen schwarzen Frack und hatte einen Aktenkoffer bei sich. Offensichtlich hatte dieser Mann einen nicht unwesentlichen Einfluß auf das gesamte Viertel. Angesichts der Tatsache, daß Satan hier versuchte, sein Reich aufzubauen, stieg ein heiliger Zorn in mir auf, und ich beschloß, den Teufel in seine Schranken zu weisen.

So machten wir uns eines Abends auf den Weg, um an einer schwarzen Messe teilzunehmen. Wir klopften an die Tür am Kellereingang, und ein Satanspriester öffnete uns. Er führte uns in ein schummriges Kellergewölbe. Die Wände waren übersät von Totenschädeln und anderen satanischen Symbolen.

"Was wollt ihr hier?" fragte uns der Priester mißtrauisch. Da ich es für das Beste hielt, den Ahnungslosen zu spielen, antwortete ich: "Wir waren neugierig, um was für eine Kirche es sich hier handelt!" Erstaunlicherweise gab er uns detaillierte Auskünfte. Er erklärte, es sei eine Art Hauptkirche, in der Satansschüler und -priester ausgebildet wurden. Sie unterstehe einer Kirche in Kalifornien. Dann berichtete er uns von der Macht Satans und auf welche Weise sie ihm dienten. Bei seinen Worten spürte ich, wie die Kraft Gottes auf uns kam, und ich sagte: "Jeder einzelne von uns hat früher in Zuhälter- und Drogenkreisen verkehrt. Wir waren rauschgiftsüchtig jähzornig und gewalttätig. Doch Jesus Christus hat uns davon freigemacht, denn Er hat die Macht Satans gebrochen!"

Bei diesen Worten vollzog sich mit dem Priester eine merkwürdige Veränderung. Sein Blick wurde eisig, und er schien förmlich zu erstarren. Eine unerträgliche Spannung lag in der Luft. Dann rannte er wie von der Tarantel gestochen zur Tür, riß sie auf und brüllte: "Los, verschwindet hier!" Wir verließen das Gebäude mit der Gewißheit, daß wir den ersten Etappen-Sieg errungen hatten.

Wir hatten die Offensive gegen Satan eröffnet! Und wir waren uns einig, daß wir eine göttliche Invasion starten und Satan in die Knie zwingen würden.

Team-Arbeit in Amsterdam

Als Arne und ich wieder nach Oslo zurückgekehrt waren, bereiteten wir das Team darauf vor, uns in Kürze nach Amsterdam zu begleiten. Ich kümmerte mich um die Unterkunft und fand schließlich ein Hotel, in dem es schon auf den Fluren nach Haschisch roch.
In den ersten vier Tagen beschränkten wir uns darauf, betend in den einschlägigen Vierteln auf und ab zu gehen, um die Pomokinos und Bordelle ausfindig zu machen. Um auf uns aufmerksam zu machen, hatten wir ein Flugblatt in englischer Sprache gedruckt mit der Aufschrift: "Hello, Redlight!"
Wir teilten unser Team in Gruppen mit je einem Jungen und zwei Mädchen auf. Während der Junge vor den Häusern blieb und betete, gingen die beiden Mädchen hinein, um mit den Prostituierten zu sprechen. Wir hielten diese Aufteilung für klug, denn wir wollten die jungen Männer keiner unnötigen Versuchung aussetzen. Systematisch klapperten wir auf diese Weise jedes Bordell ab. Wenn die Prostituierten es erlaubten, beteten die Mädchen für sie. Dabei brachen viele dieser Frauen in Tränen aus und öffneten ihr Herz für Christus.

Auf der Straße erlebten wir oftmals, wie Drogenabhängige an Ort und Stelle frei wurden, wenn wir für sie beteten. Irrtümlicherweise hielten uns viele deswegen für "Heilige", die magische Kräfte besaßen. In solchen Fällen richteten wir die Aufmerksamkeit jedoch sofort auf denjenigen, dem die Ehre und der Dank für diese Wunder gebührte - Jesus Christus! Auch den Polizisten, die uns aus diesem Viertel vertreiben wollten, erklärten wir, daß sie Jesus Christus brauchten - ebenso wie die Drogensüchtigen!

Die Satanskirche schließt ihre Türen

Da die Satanskirche uns nach wie vor ein Dorn im Auge war, nahmen wir dieses Anliegen im Gebet gezielt in Angriff. Es war kein leichter Kampf! Wir übten im Namen Jesu Autorität aus und erklärten die gesamte Priesterschaft und die übergeordneten Leiter für machtlos. Und tatsächlich wurde einige Zeit später die Kirche geschlossen. Seit jenem Tag ist keiner der Satanisten je wieder in der Stadt gesehen worden! Die Schließung der Satanskirche war nur eines der Wunder Gottes auf unserer Amsterdam-Tour. Je mehr wir mit dem Herrn erlebten, desto mehr wurde uns bewußt, daß wir nur einfache Menschen waren, die Er als Seine Werkzeuge benutzte. Und Gott allein gebührt all die Ehre für das, was Er durch uns getan hat!

STREET AID

Langsam aber sicher wuchs unser Dienst über die Gemeinde hinaus. Eines Abends saßen Arne Bakken und ich zusammen und unterhielten uns über die großartigen Dinge, die Gott in Europa getan hatte. Mitten in unserem Gespräch fiel der Begriff STREET AID. Keiner von uns beiden hatte dieses Wort bis dahin gehört, und wir wußten nicht, woher es plötzlich gekommen war.

Wir wußten zwar von Benefiz-Rockkonzerten namens "Band Aid" zugunsten hungernder Menschen in der Dritten Welt, doch wir kannten keine namhaften Organisationen, die sich für die Menschen in den Ghettos Europas einsetzen. Wenn von christlicher Missionsarbeit die Rede ist, denkt man meist zunächst an Afrika oder andere Länder der Dritten Welt. Doch das asoziale Milieu auf den Straßen unserer Großstädte ist heutzutage eine der größten Herausforderun-

gen für einen Missionar. In diesem Bereich gibt es noch sehr viel für uns zu tun, und ich bin davon überzeugt, daß wir noch vielen Menschen helfen können, bevor Jesus wiederkommt!
Bei unserem Gedankenaustausch kamen Arne Bakken und ich zu dem Schluß, daß wir eine Organisation ins Leben rufen wollten, um die Not in den Slums und Elendsvierteln der Welt zu bekämpfen. Wir wollten auch anderen Gemeinden und einzelnen Christen die Möglichkeit bieten, sich an dieser Arbeit zu beteiligen. Natürlich mußten wir nicht lange überlegen, unter welchem Namen wir in Erscheinung treten würden: STREET AID - das war der Name, den der Herr uns gegeben hatte!

Vision und Ziel von STREET AID

Ein erklärtes Ziel von STREET AID ist, das Evangelium in die bis jetzt noch unerreichten Gesellschaftskreise zu tragen. Das Milieu muß die Botschaft von der Erlösung durch Jesus Christus hören, und zwar so schnell wie möglich!
Im Augenblick sind wir in Oslo, Kopenhagen, Amsterdam und Hamburg rund um die Uhr im Einsatz. Unser Plan ist, in Kürze ein Team nach Paris und in einige südeuropäische Großstädte zu schicken. Es ist unser sehnlichster Wunsch, in der tiefsten Finsternis ein Licht für diejenigen zu sein, die die Hoffnung verloren haben!
In Matth. 4,16 heißt es: "Das Volk, das im Finstern saß, hat ein großes Licht gesehen, und die da saßen im Land und Schatten des Todes, denen ist ein Licht aufgegangen." Diese Worte sind heute aktueller denn je! Diejenigen, die auf der Schattenseite der Gesellschaft leben, werden ein Licht sehen: Jesus Christus! Doch damit dies geschehen kann, müssen wir in die düsteren Winkel und Gassen der

Welt eintauchen, um dort das Licht der Erlösung anzuzünden!
Gott hat uns einen Weg in das Drogen- und Zuhälter-Milieu gebahnt, und wir werden diese Möglichkeit voll und ganz ausschöpfen!

Cafes und Straßen-Gottesdienste mit dem Lkw

Ein strategisch wichtiger Punkt bei der Erfüllung unserer Vision ist ein Cafe direkt auf dem Strich in Oslo, das an vier Abenden in der Woche geöffnet ist. Man kann es allerdings nicht mit einer "Teestube" oder einem Jugendhaus mit Sozialbetreuung vergleichen. Unser Wunsch ist, daß hier die Besucher bei einer gemütlichen Tasse Kaffee von Jesus Christus hören und ihnen die Gelegenheit gegeben wird, Ihm ihr Leben anzuvertrauen. Und tatsächlich erleben wir ständig, wie viele Menschen dadurch von neuem geboren werden.
Auch in Südpolen hat STREET AID ein solches Cafe eingerichtet, in dem schon sehr viele Menschen - vorwiegend Alkoholiker - zu Jesus Christus geführt wurden!
Außerdem veranstalten wir regelmäßig Gottesdienste und Konzerte in Gefängnissen. Inzwischen konnten wir schon sehr gute Kontakte zu den Gefangenen aufbauen, die oberflächlich beurteilt, hart und unzugänglich wirken. Wenn sie jedoch von der Liebe Gottes berührt werden, brechen sie nicht selten in Tränen aus und sprechen mit uns das Gebet der Lebensübergabe an Jesus Christus.
Zudem haben wir einen Lkw gekauft, mit dem wir von Stadt zu Stadt fahren und Straßen-Meetings durchführen können. Das mitreisende Team besteht hauptsächlich aus Jugendlichen. Sie wollen den Menschen den wahren Jesus vor Augen malen und ihnen sagen, was Er für sie getan hat und tun will!

Europa ist offen!

Die Herzen der Menschen in Europa sind offen für das Evangelium. Diese Tatsache ist uns - entgegen allen Gerüchten - in Hamburg besonders deutlich geworden. Mitten auf der Reeperbahn und auf dem Hansaplatz haben wir den Prostituierten und Obdachlosen das Wort Gottes verkündigt.

Wie arbeitet STREET AID?

Inzwischen ist STREET AID eine selbständige Organisation, die von der Gemeinde "Oslo Kristne Senter" gegründet worden ist. STREET AID versteht sich als evangelistischer Arm dieser Gemeinde, der von Christen finanziell und im Gebet unterstützt wird. Pastor Äge Äleskjar und ich sind entschlossen, bei der Verwirklichung ihrer Vision ohne staatliche Zuschüsse auszukommen. Das ständig wachsende Mitarbeiter-Team besteht augenblicklich aus etwa 40 Absolventen der OKS-Bibelschule, die speziell für Evangelisationsarbeit in Großstädten ausgebildet worden sind.

Die Durchführung unserer Projekte ist sehr kostspielig und wird ausschließlich von uns und privaten Spendern finanziert. Die Jugendlichen, die fest zu unserem Team gehören, arbeiten ehrenamtlich unter großem persönlichen Einsatz mit. Ihren Lebensunterhalt verdienen sie sich durch Nebenjobs. Bemerkenswert ist der Zusammenhalt und die Einheit unter diesen aufopferungsbereiten jungen Menschen. Wir wissen, daß in Norwegen Hunderte von Teenagern bereit wären, sich in die Arbeit von STREET AID in Europa miteinzubringen, wenn sie die finanziellen Möglichkeiten dazu hätten. Es ist deshalb unser Gebet, daß Menschen diesen Dienst unterstützen werden.

Wer kann einen Teil zur Erfüllung der Vision beitragen?

Es liegt uns fern, um Geld zu betteln, denn wir wissen, daß viele Christen es leid sind, ständig um Almosen angehalten zu werden. Wir sind uns der Tatsache bewußt, daß die meisten gerne mehr geben würden, aber nicht dazu in der Lage sind. Und wir haben große Achtung vor der Gebefreudigkeit des Leibes Christi!

Was jedoch jeder tun kann, ist beten. Und wir brauchen diese Gebete dringend, denn wir stehen in einem geistlichen Kampf um Leben und Tod! Millionen von Jugendlichen sind auf dem direkten Weg in die Hölle.

In ihrem Namen bitten wir die Christen in Europa zu prüfen, welche Mittel ihnen gegeben sind, um die Verkündigung des Evangeliums in diesem Bereich zu unterstützen. Vielleicht kannst auch du einen materiellen Beitrag leisten oder sogar selbst mitarbeiten. (Auf Anfrage versenden wir gern unsere kostenlose Informationsbroschüre mit näheren Einzelheiten über unsere Arbeit.) Wir sind für jede Art von Hilfe dankbar!

Um STREET AID bekannt zu machen, besuchen wir Gemeinden im ganzen Land. Außerdem bieten wir Seminare für Gemeinden und christliche Gruppen an, die noch unerfahren in der Straßenarbeit sind. Dadurch wollen wir ihnen in Theorie und praktischem Training helfen, ihre Stadt zu erreichen. Wenn es uns gelingt, ein Feuer der Begeisterung für die Evangelisationsarbeit in den Herzen der Christen zu entzünden, sind wir unserem Ziel schon erheblich näher gekommen!

Ein persönlicher Gruß an Dich

Meine Absicht mit diesem Buch war nicht, einen christlichen Kriminalroman zu schreiben.

Wenn du selbst kein Christ bist, sollst du wissen, daß Jesus nicht nur für Drogenabhängige und Prostituierte gestorben ist. Er ist gekommen, um dir ewiges Leben zu geben. Du wurdest von Gott geschaffen, weil Er dich liebt, und wegen Seiner großen Liebe zu dir möchte Er Sein Leben mit dir teilen - heute und für alle Zeiten!

Die Bibel sagt:

"...wenn du mit deinem Mund Jesus als den Herrn bekennst und in deinem Herzen glaubst, daß Gott ihn von den Toten auferweckt hat, so wirst du gerettet werden" (Röm. 10,9).

Dass du dieses Buch liest, ist kein Zufall. Nutze jetzt deine Chance und schieb es nicht hinaus. Gib zu, wenn du Hilfe brauchst. Wie das geht? Mit einem einfachen Gebet. Damit gibst du Ihm die Erlaubnis, etwas für dich zu tun. Bitte Ihn, in dein Leben zu kommen und bitte Ihn, dein HERR zu sein.

So bete folgendes Gebet, aus einem ehrlichen Herzen, laut, allein oder mit jemandem zusammen.

„Lieber Jesus. Ich bin ein Sünder und ich brauche DEINE Hilfe. Ich glaube, dass du der Sohn Gottes bist. Du bist für mich auf Golgotha gestorben, du bist auferstanden und heute im Himmel.
Ich glaube, dass du meine Sünde, mein Leben auf dich genommen hast, als du am Kreuz für mich gestorben bist.

Ich glaube es mit meinem Herzen und ich bekenne es mit meinem Mund. Jesus komm und rette mich! Komm und sei mein Herr! Nimm mein Leben.
Jesus, ich danke dir, dass du mich errettet hast! Amen."

Die Bibel sagt uns, dass wir errettet sind, wenn wir mit dem Herzen glauben und mit dem Mund bekennen. Aber bitte, wende dich für weitere Hilfe und weitere Informationen an eine christliche Gemeinde oder Kirche in deiner Umgebung. Mir half die Gemeinschaft mit anderen Gläubigen sehr, und deshalb glaube ich, dass du sie auch brauchen wirst.

Wenn du im Gefängnis bist, nimm bitte mit dem Seelsorger der Einrichtung Kontakt auf. Erzähle ihm, dass du Jesus als Herrn angenommen und um Hilfe gebeten hast und bitte ihn um weitere Unterstützung.

Buchbestellungen direkt an den Verlag:

Street Ministries International

Jan & Barbara Eriksen

Postfach 9, 4840 Vöcklabruck

mail: jberiksen.stm@aon.at

Dass du dieses Buch liest, ist kein Zufall.

Nutze jetzt deine Chance und schieb es nicht hinaus.